Regine Sonnleitner

Die Melodie der Steine

Regine Sonnleitner

Die Melodie der Steine

schonungslos und ehrlich

**„Das Leben ist wie eine Straße voller Felsbrocken.
Diese zu überwinden und weiterzugehen, das ist die wahre Kunst des Lebens ....“**

Rediroma-Verlag

Bibliografische Information der Deutschen Nationalbibliothek:
Die Deutsche Nationalbibliothek verzeichnet diese Publikation in der Deutschen Nationalbibliografie; detaillierte bibliografische Daten sind im Internet über http://portal.dnb.de abrufbar.

ISBN 978-3-98527-606-6

www.rediroma-verlag.de
14,95 Euro (D)

Inhaltsverzeichnis

Die Melodie der Steine ... 7
Vorwort ... 11
Damals ... 14
Eine schöne Kindheit ... 16
Waren es hier schon die ersten Steine ... 20
Mein Steinbeißer ... 27
Steinlawine (Triggerwarnung) ... 32
Meine Mauer versteckte mich ... 40
Normal sein ... 46
Steine holen mich ein ... 49
Steine singen ... 53
Bomber, mein Fels ... 59
Eine undurchdringbare Mauer (Triggerwarnung) ... 61
Mauern verbergen ... 91
Verurteilt mich … ... 92
Eine Frage … ... 93
Andere Felsen wegräumen ... 95
MC-Leben ... 98
Anders … ... 100
Eine Mauer hat zwei Seiten ... 103
Die ersten kleinen Kiesel ... 106
Auf den Hund gekommen ... 112

… und täglich grüßt das Murmeltier.
Felsbrocken fallen. 116
Aus Steinen etwas Schönes bauen 119
Eine tonnenschwere Felswand 122
Steine überwinden kostet Kraft 137
Sein Wunsch – meine Zukunft 139
Neue Steine 142
Der nächste Stein traf mich 145
Steine tragen eine Melodie in sich 149
Herzenssache 151
Steine die geworfen werden 155
Steine und Lebensgefühl 159
Magische Hexensteine 165
Meine Steine waren meine Lehrer 168
Ein Wort am Ende 171
Nun ist es Zeit, Danke zu sagen. 173

Die Melodie der Steine

Vor langer Zeit glaubte ich, dass Steine nur Steine sind. Leblos, kalt, hässlich und hart. Sie lagen auf meiner Lebensstraße und immer wieder musste ich sie beiseite räumen, um weiterzugehen. Ich hasste und verachtete sie, wenn sie wieder den Weg versperrten. Doch wohin mit ihnen?

Einfach an den Rand räumen, damit andere darüber fielen? Nein – das konnte ich nicht.

So fing ich an, Mauern zu bauen. Mit den Jahren wurden es stattliche Mauern, denn jeden Stein, der mir begegnete, baute ich darin ein. Er sollte keinen verletzen, der meinen Weg kreuzte.

Ganz unbewusst baute ich die Mauern um mich herum. Dann saß ich eines Tages von Mauern umzingelt, eingeengt, ohne Durchgang nach draußen.

Ich fühlte mich beschützt und geborgen in ihrer Mitte, jedoch auch eingesperrt und einsam.

Eines Tages gab es einen lauten Knall und ein riesiger Fels fiel genau mitten rein. Wie sollte ich diesen wegräumen? Lange sah ich ihn an und fasste einen Entschluss. Ich musste nach oben. Denn das war die einzige Möglichkeit, die mir noch blieb.

Also kletterte ich hinauf und als ich oben ankam, legte ich mich gemütlich hin. Die Sonne strahlte in mein Gesicht und ich nahm wahr, dass der Fels unter mir warm war. Ich fühlte mich geborgen auf ihm. Mein Blick wanderte zu meinen Mauern. Auch sie sahen verändert aus. Die Steine waren überwuchert mit schönen Gewächsen und kleine Tiere krabbelten darin herum. Ich hörte eine leise Melodie, sie sang von Freude, Liebe, Leben und Licht.

Die Melodie weckte eine Sehnsucht in mir. Langsam stand ich auf. Mein Blick sah über die Mauern hinweg. Dort war die Freiheit, das Leben. Als mein Blick sich senkte, sah ich meinen Fels an, auf dem ich stand. Er sang für mich, nur für mich. Ich verliebte mich in seine Melodie. Hinter den Mauern verborgen war ich nun nicht mehr alleine. Er lauschte den Geschichten meiner Steine und half mir, weitere Steine zu verbauen.

Doch eines Tages wachte ich auf und mein Fels war weg. Über mir blinkte ein Stern hell auf und eine Träne stahl sich aus meinen Augen. Da oben leuchtete nun mein Fels. Ich blickte zu meinen Wänden, sie erstrahlten im Mondlicht und ich hörte die Melodie von ihnen schallen. Ich reckte meine Arme in den Himmel und fing das Sternenlicht ein. So schön auch meine Mauern mittlerweile waren, sie versteckten mich und schienen mich plötzlich zu erdrücken.

Der Drang nach Freiheit erdete mich und ließ mich die ganze Magie sammeln, die mein Fels mir zurückgelassen hatte, und stimmte in die Melodie der Steine ein.

Stein für Stein – im Abendschein – fielen sie sanft zur Erde. Um mich herum eine Geröllwiese voller Steine und jeder hatte seine eigene Geschichte.

Wisst ihr, was das Schöne daran war? Die Steine starben nicht, als sie fielen. Sie lagen vor mir und trotz allem lebten sie, waren warm und Pflanzen und Tiere tummelten sich auf ihnen.

Ich sah ins Licht, als die Mauern zerfielen. Es war so wunderschön. Mein Herz lachte und meine Seele freute sich. Jeder Stein sang sein eigenes Lied, doch zusammen war es eine wunderschöne Melodie und mein Fels hat mir die Kraft gegeben, darüber hinweg zu steigen.

Jeder einzelne Stein gehört zu mir.

Jeder einzelne Stein ist mein Leben.

Jeden einzelnen Stein habe ich weggeräumt.

Jeden einzelnen Stein habe ich schätzen gelernt.

Jeder einzelner Stein war mir ein Lehrer.

Jeder dieser Steine machte mich zu dem, was ich heute bin.

Heute spielen meine Steine eine zauberhafte Melodie. Es ist die Melodie meines Lebens in allen Facetten.

Nie mehr werde ich Mauern bauen, die mich verbergen, denn jeder einzelne Stein bin ich und es ist meine Melodie. **Die Melodie der Steine**.

Vorwort

Ein Leben hat so viele Facetten. Wenn ihr diesen Gedanken von mir lest, habe ich den Mut gefunden, meine Mauern einzureißen.

Zuallererst möchte ich euch darauf hinweisen, dass dieses Buch nicht für Menschen geeignet ist, die sich leicht getriggert fühlen.

Ein Leben hat so viele Facetten und es liegt nicht in meiner Natur, etwas zu verschönern oder zu verschleiern. Mein Motto ist, entweder ganz oder gar nicht. Deshalb seid gewarnt und entscheidet selbst, ob ihr es wagt oder nicht. Doch sagt nicht im Nachhinein, ich hätte euch nicht darauf hingewiesen. Ich werde in diesem Buch, das mein Leben widerspiegelt, kein Blatt vor den Mund nehmen, nichts schönreden und aussprechen, was andere vielleicht nicht mal denken. Wenn ihr die Reise in mein Leben antreten möchtet, wird danach nichts mehr so sein, wie es ist. Das Wissen wird in eurem Kopf verankert und euch wahrscheinlich im Nachhinein noch beschäftigen. Doch eines kann ich vorweg sagen.

Ich stehe immer noch hier im Leben und dies alles, was ihr lest, hat mich zu den Menschen gemacht, der ich heute bin, und ich denke, ich bin ein sehr guter Mensch geworden.

Wie ihr damit umgeht, bleibt euch überlassen, doch denkt immer daran, dass ich immer noch hier stehe und das Leben anlächle. Meine Geschichte zu offenbaren, mit euch zu teilen, beinhaltet für mich großen Mut und auch Kraft. Denn ich kenne die Menschen. Sehr schnell verurteilen sie, bevor sie etwas akzeptieren. Lasst euch gesagt sein, diejenigen, die am Ende des Buches noch neben mir stehen, sind diejenigen, die das Leben ausmachen.

In diesem Buch geht es ausschließlich um mein Leben und meine Mauern, die ich nun einreiße, und Stein für Stein werden sie das, was dahinter liegt, offenbaren und euch den Menschen zeigen der in mir steckt. Es geht noch viel schlimmer, als ich manches erlebt habe, doch darum geht es nicht. Denn es geht hier nicht um andere, sondern um mich.

Schonungslos und ehrlich berichte ich über die Steine auf meiner Lebensstraße und über meine Mauern, die ich baute, zum Schutz von anderen und um mich zu verbergen.

Warum gehe ich damit an die Öffentlichkeit? Warum reiße ich die Mauern ein?

Ganz einfach, ich möchte mich nicht mehr verstecken. Ich bin, wer ich bin – ein Mensch. Vor allem möchte ich damit auch anderen Menschen zeigen, dass es immer einen Ausweg gibt. Meine Geschichte zu teilen soll auch Hoffnung geben, dass Aufgeben keine Option ist und man auch unter Tränen und mit einem schweren Rucksack, herzhaft lachen kann. Es gibt nichts, was wirklich so schlimm ist, um aufzugeben.

Ich möchte gesehen werden, als das, was ich bin: ein Mensch, der immer wieder aufgestanden ist, immer wieder gekämpft hat, Narben in sich trägt und es nun verdient zu lachen und fröhlich zu sein.

Genug geredet. Schlagt die Seite um und taucht ein in die Melodie der Steine.

Damals

Geboren bin ich 1969 in Rödental, als zweites Kind meiner Eltern. Ich war eine Hausgeburt. Verwechslung ausgeschlossen. Dies war zu diesen Zeiten normal. Ich hatte eine vier Jahre ältere Schwester und fünf Jahre darauf folgte noch eine Schwester. Wir waren drei Mädels, zum Grauen meines Vaters. Wie es früher war, lebten meine Großeltern mit uns im Haus. Sie waren es auch, die viel Zeit in unsere Erziehung steckten. Meine Mutter machte Heimarbeit und mein Vater, durch eine Krankheit gezeichnet, ging seiner Tätigkeit als Schreiner nach. Er war leidenschaftlicher Fußballer, aktiv als Tormann und fest im Verein verankert. Meine Schwestern hatten seine Gene geerbt. Doch was war mit mir? Ich war anders, schon in jungen Jahren. Ich möchte euch nicht zu viel über meine Familie erzählen, über die einzelnen, denn ich möchte sie auch schützen und in diesem Buch geht es um mich. Meine Kindheit werde ich nur kurz anschneiden und euch einen kleinen Einblick gewähren in eine Kindheit, die für mich persönlich eine sehr gute Kindheit war, jedoch auch dazu beigetragen hat, was mein weiteres Leben mit sich brachte.

Deswegen fange ich damit an, euch einen Teil meiner Kindheit zu offenbaren. Ich nehme dazu einen Text, den ich für meine Geschwister vor

Jahren geschrieben habe, um ihnen zu zeigen, dass unsere Kindheit voller wunderschöne Facetten war.

Eine schöne Kindheit

Immer Freitag war Badetag. Wenn man jetzt zurückdenkt, war es ein kurioser Tag. Am Nachmittag gingen die Großeltern baden. Danach kamen wir Kinder dran. Erst meine älteste Schwester. Als ich klein war durfte ich auch mit ihr zugleich in die Badewanne, später dann danach, jedoch in das gleiche Wasser. Als meine kleine Schwester auf der Welt war, wurde ich wieder mit ihr zusammen gebadet. Eigenes Wasser gab es nicht für jeden. Heute denke ich, die Älteste war immer die Sauberste, denn sie hatte das frischeste Wasser. Trotz allem freute man sich auf diesen Badetag. Heutzutage ist das unvorstellbar. Man gönnt sich den Luxus von frischem Wasser, und das mehrmals die Woche. Früher war es denkbar unmöglich, dass jeder sein frisches Wasser bekam. Nicht dass ihr jetzt glaubt, wir haben uns nur Freitags gewaschen, nein, wir wuschen uns jeden Abend am Waschbecken.

Der Badetag hatte einige Highlights. Es gab danach immer Pommes für uns Kinder und wir durften Fernseher schauen. Tom und Jerry oder Dick und Doof waren so typische Sendungen. Naja, es gab ja nur drei Programme. Selbst in schwarzweiß und als Stummfilm war es ein Mega-Erlebnis für uns.

Ein besonderer Tag war in unserer Familie auch der Sonntag. Mein Vater ging ins Vereinshaus zum Frühschoppen und Oma kochte. Pünktlich um 12 Uhr gab es Mittagessen, immer alle zusammen an einem Tisch, und danach ging es nach draußen. Naja diese Sonntagsspaziergänge waren Tradition und wir Kinder mussten mit. Wir wohnten in Grenznähe zur ehemaligen DDR und so ging es auch hin und wieder zur Aussichtsplattform, die Grenze beobachten.

Besonders fand ich die Feste wie Weihnachten. Wir glaubten an das Christkind. Papa stellte immer schon morgens den Baum auf am Heiligenabend und die Tür zum Zimmer blieb verschlossen. Es war alles geheimnisvoll. Jedes Jahr wurden auch unser Kaufladen und unsere Puppenstube aufgestellt. Damit zu spielen, war ein Highlight, an das ich mich gerne erinnere. Mama schneiderte beruflich Kleider für Puppen und so ergab es sich, dass wir ein paar Wochen vor Weihnachten unsere Puppen abends auf die Fensterbank setzten und die Engel sie holten, so dass sie am Heiligabend mit neuen Kleidern unterm Baum auf uns warteten. Auch gab es nicht viele Geschenke. Für jeden von uns noch ein kleines Teil. Etwas von Lego oder Schlümpfe, diese liebten wir alle und ich bekam auch mal ein Buch. Süßes gab es am Weihnachtsabend auf der Pyramide, die jedes Jahr auf dem Tisch stand. Besonders liebte ich diese Schokokringel mit den bunten Streuseln. Es wurden auch schon mal Lieder gesungen oder Gedichte gelesen. Woran ich mich gerne erinnere, war diese Wärme, die das Zimmer ausstrahlte, und meine Familie. Wir hatten nicht viel und doch hatten wir alles Wichtige, was zum Leben gehört – denn wir hatten uns.

Eine weitere coole Sache war die Fastnacht. Naja, laut meiner Mutter kam ich nach der Faschingswoche auf die Welt. Deswegen denke ich schon, dass hier ein Zusammenhang besteht, dass ich mich daran besonders zurückerinnere. Faschingspartys gab es immer zuhause. Dazu wurde dann das Wohnzimmer ausgeräumt, dekoriert und Freunde wurden eingeladen. An Kostümen mangelte es uns nie, denn, wie gesagt, Mama war ja Schneiderin. Aufgrund der Tatsache, dass ich zur Faschingszeit Geburtstag habe, wurde auch meist meine Geburtstagsfeier mit Verkleidung gefeiert. Überhaupt wurden unsere Geburtstage gefeiert. Wir durften Freunde einladen und es wurden Spiele gemacht. Glaubt mir, es war eine schöne Kindheit. Große Urlaubsreisen gab es nicht, dazu hatten wir kein Geld. Ich kann mich daran zurückerinnern, dass wir einmal Urlaub auf einen Bauernhof machten, und ich glaube, wir waren einmal in Österreich. Doch an mehr kann ich mich nicht erinnern. Tagesausflüge waren dagegen viele da.

Wir waren Kinder und wir erlebten die Kindheit in allen Facetten. Wir bauten aus umgestürzten Liegen und Decken im Garten Häuser. Wir spielten auf der Wiese mit unseren Puppen und fuhren sie im Puppenwagen spazieren. Wir hatten auch Haustiere, Meerschweinchen, eine Katze und Vögel und meine große Schwester hatte Wüstenrennmäuse. Nicht alles gleichzeitig, doch es gab sie. Auch hatte mein Opa Hasen im Garten im Stall. Es war gruselig für uns Kinder, denn wir wussten, das sie auf dem Tisch landeten.

Auch Drachensteigen und Gummizwist, Kästchenhüpfen und Ballspiele gehörten zu unserer Jugend dazu. Jeder von uns hatte ein Fahrrad und seinen eigenen kleinen Raum für den Rückzug. Ich selbst bekam mein Zimmer im ausgebauten Dachboden. Mein eigenes kleines Reich. Oben im Dach über allen, mit Blick in die Sterne. Meine Eltern wohnten unten, in der Mitte meine Großeltern und ich ganz oben.

Wisst ihr, man denkt zurück und sieht immer nur die schlechten Dinge, die die Kindheit begleitet haben, doch die wirklich schönen Dinge vergisst man zu schnell. Ich möchte euch nun etwas von den nicht so schönen Dingen erzählen, die auch zu meinem Kinderleben gehörten und mich geprägt haben.

Waren es hier schon die ersten Steine

Ich war anders von klein auf. Sicher wollt ihr wissen inwiefern. Jeder kennt es, dass man sich vergleicht mit den Geschwistern. Meine Interessen wichen sehr von denen meiner Geschwister ab und nicht nur diese. Schon in sehr jungen Jahren hatte ich Wutanfälle. Heute würde man sagen, ich war hyperaktiv, doch früher hieß es, ich hatte einen Trotzkopf. Mein Vater griff oft durch. Damals war es noch kein Verbrechen, seinen Kindern eine Tracht Prügel zu geben, wenn sie es verdienten. Ein paar Klapse auf den Hintern schadeten nicht. Warum ich sie bekam, weiß ich heute nicht mehr, doch ich war sehr nah am Wasser gebaut. Auch kannte ich unsere Dusche im Keller sehr gut. Diese hatte den Lichtschalter außen und ich wurde des Öfteren mal eingesperrt, um wieder zu mir selbst zu finden. Dort saß ich dann im Dunkeln und bekam die Zeit, die ich brauchte, um mich wieder zu beruhigen. Nein, bemitleidet mich nicht. Heute sehe ich das anders. Es war wohl nötig, sonst hätte es mein Vater nicht getan.

Ich sprach nicht viel und richtig sprechen lernte ich erst mit sechs Jahren, als ich in die Schule kam. Dort hatte ich einen Sprachlehrer. War ich zu faul zum Sprechen oder woran lag es wirklich? Die Worte waren in meinen Kopf, doch ich wollte sie nicht laut aussprechen. Gegen meine Schwestern kam ich nicht an, sie redeten immer und viel. Auch nachdem ich es lernte, dank meines Sprachlehrers, sprach ich erst mal nur das Nötigste. Kaum konnte ich lesen, verschlang ich lieber Bücher, anstatt mich zu unterhalten. Ich war wirklich kein Ass in der Schule. Naja ich war eine dieser nicht gern gesehenen Mitschüler. Wie soll ich euch das beschreiben? Ich zog gerne Hosen und Röcke zusammen an und Vaters Oberhemden locker darüber. Barfußlaufen war für mich Freiheit und ich verachtete Schuhe. Ich legte keinen Wert auf mein Äußeres. Jedoch bekam ich etwas Neues, lief ich die Straße rauf und runter, um es jedem zu zeigen. Was Neues gab es selten, meist abgelegte Sachen meiner großen Schwester. Meine Mutter schneiderte uns ab und zu mal etwas selbst.

Mein Vater wurde krank und, wie soll ich es sagen, früher war die Medizin nicht so weit wie heute und somit nahm alles seinen Lauf. Ich kannte meinen Vater eigentlich nur krank. Er und ich waren explosiv miteinander. Anders kann ich es nicht sagen. Ich wurde oft nicht als seine Tochter erkannt, wenn ich bei ihm war. Das kam wohl daher, dass ich viel mehr Zeit damit verbrachte, mit mir alleine zu sein oder mit Opa in den Wald zu spazieren. Ich war kein Freund vom Fußballplatz. Woran es wirklich lag, dass wir eine Hassliebe zueinander hatten? Heute denke ich, es war tiefe Liebe und Angst umeinander. Ich kann mich noch

an einige Situationen erinnern, in denen es wirklich hart an der Kante war. Einmal beim Essen schüttete er mir ein Glas Milch ins Gesicht, ein anderes Mal schrie er mich an und sperrte mich in den Keller. Als Kind verstand ich es nicht, war verzweifelt und hasste ihn aus tiefsten Herzen, doch später waren da noch andere Gefühle mit im Spiel.
Im Alter von neun Jahren schenkte mir mein Opa das erste Tagebuch und ich habe sie alle noch. Auch darin sind viele Szenen beschrieben, doch aus allen geht immer wieder meine Angst um Papa hervor. Ich machte mir Gedanken um seine Krankheit, wünschte sie weg und ich fing immer mehr an, meine Gedanken zu Papier zu bringen. Auch die Verzweiflung, dass man mir nicht zuhörte, dass ich nicht verstanden wurde, ist darin allgegenwärtig. Als mein Vater dann das Trinken anfing, wurde es noch schlimmer. Damit ihr nicht ein falsches Bild von meinen Vater bekommt, muss ich hier erwähnen, dass er auf Grund seiner Krankheit und weil er nicht damit klar kam, immer mehr trank. Er war jedoch ein ruhiger Trinker. Wurde nie ausfällig oder gewalttätig, sondern sehr still.

Wir gingen uns aus dem Weg, immer öfters.

Ich möchte euch einen kleinen Auszug aus einen meiner Tagebücher hier kopieren, der mich und meine Gedanken in frühester Jugend widerspiegelt.

Es ist still und ich ertappe mich dabei, dass ich wieder vor mich hin träume. Jedoch ist das die Zeit, die ich brauch, um ich selbst zu sein. Sind wir nicht alle nur so, wie man es von uns verlangt? Wer hat schon Interesse daran, wer wir wirklich sind. Wer bin ich überhaupt? Diese Frage stelle ich mir oft in letzter Zeit. Was erwartet man von mir? Als ich klein war laufen lernte, hinfiel, aufstand und weiterlief, sagte keiner zu mir, bleib liegen, du schaffst es sowieso nicht. Warum höre ich jetzt, wo ich älter bin, immer wieder, du schaffst das nicht? Was ist auf einmal los? Ich verstehe es nicht. Ein großer Drache erscheint vor mir. Mitten auf meinen Weg, der gerade noch so friedvoll verlaufen ist. Alles um mich herum ist plötzlich still. Ich stehe wie erstarrt. Meine Gedanken überschlagen sich. Ich möchte rennen, jedoch geht es nicht. Irgendetwas hält mich fest. Ich sehe meine Hände und Füße und sie sind gefesselt. Der Drang zu rennen wird immer stärker. Ich möchte schreien, jedoch kommt kein Ton raus. Ich sehe Gesichter vor mir, einige lachen, andere weinen, andere wiederum schauen mich an und deren Ausdruck lässt mich schweigen. Der Drache kommt näher – ich weiß, dass ich ihm nicht entkommen kann. Jedoch gebe ich nicht kampflos auf. Ich füge mich, doch ich kreuze die Finger und dieses Kreuzen gibt mir Kraft. Ich gebe mir das Versprechen, weiterzukämpfen, auch wenn ich diesen einen Kampf verloren habe.

Wenn man bedenkt, dass ich dies im Alter von elf Jahren geschrieben habe, kaum vorstellbar. Ich schüttele über mich selbst den Kopf und doch ist in mir dieses Kind und es gehört zu mir. Dass ich heute so intensiv zurückblicken kann, habe ich meinem Großvater und diesem Buch zu verdanken, das er mir schenkte. Ein Buch mit vielen leeren Seiten, die ich selber füllen konnte.

Eine besondere Passage darin ist ein Brief an meine Eltern. Ich habe ihn mir immer und immer wieder durchgelesen. Heute weiß ich, dass dieses Kind, das diese Zeilen schrieb, sehr einsam war und zu weit für ihr Alter von damals zwölf Jahren. Sie sah zu tief. Natürlich möchte ich euch den Brief nicht vorenthalten, damit ihr versteht, was ich meine.

An Papa und Mama. Wenn meine Wände reden könnten, sie könnten euch sagen, wie oft ich geweint, wie oft ich gelacht habe und wie oft ich verzweifelt war. Wie oft ich um Hilfe geschrien, gebetet und geflüstert habe. Doch ihr habt mich nicht gehört, denn es scheint euch egal zu sein. Darum wäre es gar nicht gut, wenn meine Wände reden könnten, denn ihr würdet es nicht verstehen. Ich wünschte, ich hätte Flügel, dann würde ich wegfliegen, weit weg, dorthin, wo ich mich wohlfühle.

Ich wünschte, ich könnte Gedanken lesen, von allen Leuten, die ich kenne. Ich glaube, ich würde sie dann besser verstehen. Ich wünschte, ich wäre ganz weit fort, und doch weiß ich, dass mich das Heimweh plagen würde. Ich wünschte .... ja, was eigentlich? Mein Wunsch ist nur dieser eine: verstanden zu werden. Können es Eltern ihren Kindern wohl jemals recht machen? Wie werde ich wohl einmal werden, wenn ich selbst Kinder habe? Doch ich habe ja dich, mein Buch, und ich kann nachlesen, wie ich mich gefühlt habe als Kind und kann vielleicht so meine Kinder besser verstehen. Eltern erziehen ihre Kinder, wie ihre Generation gerne gelebt hätte. Sie vergleichen zwei Generationen miteinander, die unvergleichbar sind. Was für sie damals noch unmöglich war, ist für ihre Kinder jetzt schon selbstverständlich. Sie halten es für undankbar, dass ihre Kinder mehr verlangen, als sie bereit sind zu geben. Warum versuchen Eltern nicht, sich einmal in die Situation ihrer Kinder zu versetzten? Waren sie nicht auch einmal jung? Hatten sie nicht auch diesen Konflikt mit den Generationen? Wäre es nicht einfacher, wenn Eltern ihren Kindern öfters mal die Freiheit ließen, etwas selbst zu entscheiden. Nur so lernen Kinder zu schätzen, was Recht oder Unrecht ist. Versucht doch einmal euren Kindern zuzuhören. Lasst es zu, dass sie sich euch anvertrauen, und habt Verständnis für ihre Gedanken und Ängste.

Entscheidet nicht immer für sie, denn es ist das Leben eurer Kinder, mit dem ihr spielt. Fragt sie nach ihrer Meinung, redet mit ihnen. Setzt Vertrauen in eure Kinder und vor allen versucht sie zu verstehen. Denn wir machen auch nicht mehr verkehrt, als ihr es in eurer Kindheit getan habt.

Erschreckend oder? Ja, so war ich, so dachte ich in frühester Kindheit und mit vielen dieser Gedankengänge wuchs ich auf.

Mein Steinbeißer

Meine Schule beendete ich mit den Qualifizierenden Hauptschulabschluss. Ja, ich hatte ihn geschafft. Da war ich super Stolz darauf. Doch dann machte ich die Erfahrung, dass nicht alles perfekt ist, denn ich fand nur eine Ausbildung in der Fabrik als Puppenschneiderin. Für mehr war leider kein Geld da. Ich hasste die Fabrik, ich hasste mein Leben zu dieser Zeit sehr. Tja, was Tagebücher so beherbergen, ist wirklich krass, wenn man sie nach langer Zeit mal hervorholt. An dieser Stelle möchte ich euch von einem Menschen erzählen, den ich zu dieser Zeit kennenlernte und der einen Teil meines Lebens mit mir ging, in dem ich voller Unwillen und wirrer Gefühlen war. Er war 35 Jahre und ich 14 Jahre alt. Er war mein Brieffreund. Meine Eltern hießen es nicht gut, dass wir uns schrieben, denn er saß im Gefängnis. Doch genau deswegen machte ich es. Es war verboten. Doch meine Mutter las einige Briefe mit mir und kam zu dem Schluss, dass er keine Gefahr für mich war, und ab da ließ sie es zu. Dafür danke ich ihr heute noch. Warum er im Knast saß, das war für uns nie ein Thema, denn es war nur wichtig, dass wir uns gegenseitig brauchten. Als ich ihn kennenlernte, schloss ich für zwei Jahre mein Tagebuch, denn er war mein Ersatz dafür. Für mich war es von Anfang an ein Hilfeschrei ohne Vorurteile. Wir wussten am Anfang gar nicht, wie alt der andere war, und, ja, als er herausfand, dass ich gerade erst 14 Jahre war, wollte er sofort den Kontakt unterbinden, doch ich überzeugte ihn, dass wir doch weiterschreiben könnten. Ich schrieb ihm damals, dass es seine Entscheidung sei, ob er mir erzählen möchte, was er getan hat, denn ich würde ihn nie danach fragen. Das erste Mal in meinen jungen Jahren schrieb ich einem Menschen was ich dachte. Er lernte mich erst kennen und ich konnte mich so geben, wie ich wirklich war. Er schrieb mir ein Gedicht: „Ich bin der Springer, du der Fänger, ich stürze ab, du fängst mich auf. Selbst wenn das Leben ein ewiges oder einziges Fallen wäre, ich werde niemals aufschlagen, solange du bei mir bist.“

Wir waren beide Springer wie Fänger. Es ist einfacher zu schreiben, als mit jemandem zu reden, wenn man ihm gegenübersitzt. Zwei Jahre haben wir uns geschrieben. Es waren zwei wundervolle Jahre. Denn anders als bei meinem Tagebuch bekam ich Antworten. Doch leider kamen wir an einen Punkt, wo uns unsere Freundschaft über den Kopf wuchs. Meine Gedanken waren zu weit. Ich rätselte über Dinge, die eigentlich noch gar keine Bedeutung für mich hatten. Er bremste mich oft aus. Ich kämpfte gegen Mauern, die ich einfach noch nicht bezwingen konnte. Einmal schrieb er mir: *Das Leben sei zu vergleichen mit einem lan-*

gen Weg, dessen Verlauf wir nicht kennen, den wir jedoch selbst bauen. Wir gehen auf diesem Weg entlang und wir entscheiden, wie er sich biegt und wendet. Wo er gegen ein Hindernis stößt und wo wir ihn frei passieren können. Wir dürfen auch fallen, doch wir dürfen nie vergessen, aufzustehen und weiterzugehen.

Glaubt mir, ich weiß nun mit gelebten Jahren, dass er so was von Recht hatte. Gingen wir denselben Weg? Nein, unsere Wege gingen eine Zeitlang nebeneinander. In dieser Zeit war er mein Tagebuch, mein Ratgeber, mein Kraftschöpfer, mein Fänger. Wir verloren uns aus den Augen, nach seiner Zeit im Gefängnis. Doch das war vorbestimmt, denn unsere Wege trennten sich. Heute denke ich gerne daran zurück, denn er hat mir viel Kraft gegeben, meine jungen Jahre zu meistern. Auch habe ich immer noch den Leitzordner mit seinen Briefen, schon stellenweise vergilbt, unleserlich – doch ich schaffe es nicht, sie wegzuschmeißen.

Meine Lehre schaffte ich, trotz aller nicht so schönen Gefühle. Früher war man als Lehrling der letzte in der Kette und, glaubt mir, ich habe geschruppt, gefegt und Nadeln im Heuhaufen gesucht. Doch ich war ruhelos wollte raus. Dies war auch die Zeit, wo es anfing, dass ich in die Disco ging. Naja, ich war ein leidlicher Teil der Clique meiner Schwester, in die ich mich mit hinein mogelte. Sie nahmen mich mit und auch wenn mein Vater oft nicht so gut zu mir war, er holte mich immer rechtzeitig wieder ab. Ich war ja noch zu jung, um länger als 0 Uhr wegzubleiben. Auch zog es mich zu dieser Zeit immer mehr nach draußen, in eine Welt, die eigentlich nicht für Wesen wie mich gedacht war. Ihr müsst wissen, dass früher noch die amerikanischen Soldaten bei uns stationiert waren. Verbotenes zieht bekanntlich an und so kam ich in diese Kreise. Wie genau, keine Ahnung, irgendwann gehörte der Besuch der Ami-Disco dazu. Dort kam ich das erste Mal in Berührung mit Drogen. Ich rechne es mir hoch an, dass ich dem damals nicht verfiel. Doch diese Zeit prägte mein Leben sehr, denn ich lernte meinen ersten Freund kennen und damit nahm der Ärger seinen Lauf.

Kurz vor meinem 18. Geburtstag verlor ich meine Jungfräulichkeit. Ihr sagt jetzt sicher, wow, so spät, doch bedenkt, es waren andere Zeiten. Er war Handwerker, chaotisch, und heute sage ich, der größte Trottel unter der Sonne. Geld hatte er keines und er nutzte mich nach Strich und Faden aus.

Ich machte den Führerschein und bezog meine erste eigene Wohnung. Möbel hatte ich von Verschenkungen und vom Trödel, doch es waren meine und es war mein kleines Reich. Autos besorgte er mir, ständig etwas neues Altes. Er war da ein echter Freak. Blöd, wie ich zu dieser Zeit war, unterschrieb ich einen Kredit als Bürge für ihn. Megadoof, doch so macht man Erfahrungen. Lange dauerte es nicht und er konnte ihn nicht mehr zahlen. Auch wurde er immer krankhaft eifersüchtiger. Er lauerte mir auf und wollte mich nicht mehr mit meinen Freundinnen alleine raus lassen. Dann nahm das Schicksal seinen Lauf und Felsen schlugen auf mich herab.

Steinlawine (Triggerwarnung)

Ich weiß noch genau, es war Ende November, als es eskalierte. Ich wollte mich gerade anziehen und mit Freunden weg, als er auftauchte. Er machte mir schlimme Vorwürfe. Ich würde fremdgehen, ihn betrügen. Es fing mit harmlosen Schubsten an, dann warf er mich auf das Bett …

Was ich euch jetzt hier erzähle, habe ich damals zu Papier gebracht und auch eine Fachkraft hat es nur gelesen. Ich habe mit niemandem laut darüber gesprochen. Das konnte ich nicht. Naja, so stimmt es nicht ganz. Einmal versuchte ich, mit einem Vertrauten darüber zu reden, und dieser war knallhart, jedoch kam er damit überhaupt nicht klar und wollte es nicht hören. Es war ein Versuch, mit jemandem über etwas zu sprechen, das jedoch am Ende nicht gehört werden wollte. Für mich war es selbst schwer, über meinen Schatten zu springen, denn ich schämte mich dafür. Heute weiß ich, dass ich es nicht gemusst hätte, doch damals schwächte ich es ab und verschloss es in mir. Heute gehört es zu meiner Vergangenheit, es schmerzt nicht mehr, doch es ist ein Teil von mir, der sehr viel Einfluss auf mein weiteres Leben hatte. Doch ich habe mich nun entschlossen, entweder alles oder nichts hier zu offenbaren, und so erfahrt ihr die schonungslose Wahrheit.

... Er warf mich aufs Bett und fesselte mich. Ich schrie und er schlug mich. Ich bekam Panik und ich hasste mich selbst, dass ich nicht auf meinen Vater gehört hatte, der immer sagte, ich soll die Finger von diesem Kerl lassen. Er riss meine Kleidung runter, sodass ich nackt vor ihm lag, beschimpfte mich und prügelte auf mich ein. Erst mit der flachen Hand, dann mit der Faust. Er wütete. Ich bekam kaum Luft, hatte Panik ...

Ich weiß heute nicht mehr, wie viele Schläge ich einsteckte, denn das war harmlos gegen das, was dann kam. Zu dieser Zeit kannte ich nur Kuschelsex, doch ich sollte es auf die harte Art und Weise erfahren, dass es mehr gab. Er vergewaltigte mich, das weiß ich heute. Denn alles, was gegen den eigenen Willen geschieht, ist Vergewaltigung.

... Erregung verspürte ich nicht, denn meine Angst um mein Leben hatte Besitz von mir ergriffen. Trocken, wie ich war, stieß er in mich. Es tat weh, doch ich versuchte mich zu entspannen, um ihn nicht noch mehr zu reizen. Doch gerade das war wohl mein Fehler. Er steckte mir sein Glied in den Mund, bis zum Anschlag, dass ich keine Luft mehr bekam und mich übergab. Das gab den Ausschlag, dass er mich noch mehr bearbeitete. Ich konnte mich nicht wehren, war hilflos und das hasste ich. Er fickte mich grob anal und lachte dabei. Er ver-

gewaltigte mich mit diversen Dingen und mein Schmerz war Freude für ihn. Zu dieser Zeit hatte ich schon kaum noch Kraft, wehrte mich nicht mehr viel. Ließ den Schmerz zu.

Dann der große Schock. Ich hatte Gefühle, bekam einen Orgasmus. Die Hölle für mich – mein Körper verriet mich und ich fing an ihn zu hassen. Wie konnte dies möglich sein? Verrat, dachte ich nur. Ich bin nicht normal. Es war nicht richtig, was er tat, und trotz allem arbeitete mein Körper gegen mich. Ich sah das Blut, doch ich spürte nichts. Vieles ist im ewigen Nebel versunken. Drei Tage war ich in seiner Gewalt, eingesperrt, erniedrigt, geschlagen und immer wieder missbraucht. Ich wachte irgendwann auf, war losgebunden und er war weg. Mir tat jeder Knochen weh, ich konnte kaum laufen und als ich nach mehrmaligen Versuchen im Bad ankam, erschrak ich fürchterlich. Ich hatte überall am Körper Hämatome, war grün, blau und geschwollen. Meine Augen quollen hervor und ich blutete, obwohl ich nicht meine Tage hatte. Lange lag ich im Badezimmer auf dem Boden und weinte lautlos. Doch die Angst, dass er zurückkommen würde, brachte mich dazu, mich zu waschen, und ich schrubbte mich, bis meine Haut rot war und zog mich an. Ich schaute auf den Kalender, denn den Bezug zur Realität hatte ich vergessen. Ich begriff erst gar nicht, dass drei Tage vergangen waren, das wurde mir erst später richtig bewusst. Ich schlich aus der Wohnung, doch wohin? Mein Herz klopfte stark und ich hatte Schmerzen. Wie ich es schaffte, zu Fuß zu meiner Schwester zu laufen, keine Ahnung. Ich weiß noch, dass ich klingelte, die Treppe hoch ging und irgendjemand öffnete. Sie feierte Geburtstag und dann brach ich zusammen. Ich bekam nicht viel mit und weiß auch nichts mehr aus den Stunden danach, nur dass ich im Krankenhaus lag und man mir viele Fragen stellte. Ja, ich gab zu, dass er mich geschlagen hatte, das konnte ich nicht verschweigen und man sah es auch. Ich sagte, ich hätte meine Tage und lehnte jegliche Untersuchung ab. Ich hatte auch den Fehler begangen, mich zu waschen, bevor ich aus der Wohnung geflüchtet bin. Naja zu dieser Zeit war es kein Fehler für mich. Ich fühlte mich schmutzig und so schruppte ich mich wohl gründlich, bevor ich floh. Mir war es extrem peinlich und ich hasste mich dafür, das ich in diese Situation geraden war. Ich hasste meinen Körper, dass ich Erfüllung erlangte und bildete mir ein, dass man dies herausfinden würde und mir die Schuld gab. Mit Ärzten oder gar der Polizei darüber zu reden, was wirklich passierte – Nein, das war ein totales No go.

Also blieb es bei der Körperverletzung in Form von Schlägen und die Freiheitsberaubung wurde auch unter den Tisch gekehrt. War ja meine eigene Wohnung. Ich zog mich in mich zurück und verbarg die Erlebnisse hinter einer dicken Wand, die ich mir selbst mauerte. Was ich jedoch auf jeden Fall zu diesem Zeitpunkt wusste – dass nie wieder ein männliches Wesen Hand an mich legen sollte. Ich habe gelernt, auf die harte Tour, wie es nicht laufen soll. Gedanken an Selbstmord, ja, die gab es, und ich stand auch eines Tages an den Gleisen. Doch da saß dieser kleine Vogel im Gleisbett und plötzlich flog er auf, ganz nah an mir vorbei. Ich spürte den Wind seiner Flügel. Kurz darauf kam der Zug. Ich schaute dem Vogel hinterher und lächelte. Dann ging ich nach Hause.

Es gab noch mehrmals Augenblicke, wo die Gedanken daran da waren und ich dagegen ankämpfte, doch ich hatte eine Familie und ich wollte ihnen nicht noch mehr Kummer bereiten. Ich gab mir zwar damals die Schuld, dass ich es dazu kommen ließ, dass es passierte, jedoch streckte ich diesen Gedanken die Zunge raus und meine Mauer schützte mich. Zu dieser Zeit bekam ich von meiner Mutter das Buch „Die Möwe Jonathan“ geschenkt. Dieses Buch gab mir Auftrieb. In mir war Sturm, doch ich musste dagegen anfliegen und mich ihm stellen. Der kleine Vogel im Gleisbett zeigte es mir. Nicht sitzenbleiben und warten, sondern Flucht nach vorne. Ich war ständig von der Angst umgeben, dass er mir auflauerte. Ich saß mit seinen Schulden da und mit Erfahrungen, die mein heiles Leben nicht brauchte. Ich funktionierte eben, zwar eher wie eine Marionette, an denen meine Familie und meine Freunde die Strippen zogen, doch ich bewegte mich. Wohl fühlte ich mich in mir nicht. Der Hass in mir selbst und vor allem auf mich selbst war sehr groß. In einer kurzen Therapie sollte ich lernen, diesen Hass zu kontrollieren und nicht nur die Schuld bei mir zu suchen, dass es passiert war. Doch auch hier verbarg ich den harten Teil, ich hatte eine Blockade in mir, die Scham war einfach zu groß und meine Mauer zu stabil. Mein Unterbewusstsein verschlossen. Ja, es gehören immer zwei dazu, auch wenn einer davon gefesselt und wehrlos ist. Was ist die Bürokratie doch für eine Heuchelei. Doch früher waren die Zeiten noch ganz anders. Meine Mutter hat vor kurzem zu mir gesagt, dass sie sich Vorwürfe macht, nicht für mich da gewesen zu sein, es nicht erkannt hat und nachgehakt hat, was wirklich passiert ist ... Doch nein – das muss sie nicht. Es waren andere Zeiten, Anfang der Neunziger. Sie hatten auch ihre eigenen Probleme und dass hier eine Vergewaltigung stattgefunden haben könnte, diesen Gedanken gab es nicht. Man hat nicht über sexuelle Dinge gesprochen zu dieser Zeit. Es war ein Tabuthema. Es reichte mir damals schon, dass sie mich trotz allem geliebt hat, das zeigte auch ihr Geschenk, in meiner dunklen Stunde, in Form dieses Büchleins. Dieses Erlebnis sollte jedoch später in meinen Leben noch einige Male eine Rolle spielen, jedoch dazu später mehr.

Hier an dieser Stelle teile ich einen Tagebucheintrag mit euch, den ich zu dieser Zeit schrieb. (Originaltext)

Da gab es einmal ein Kind. Es hatte eine schöne Kindheit. Es war glücklich, fröhlich und wild. Dann kam die Wende. Von einem auf den anderen Tag erfuhr es, was es heißt, zu kämpfen. Dass Leben Krieg ist. Ganz plötzlich musste es feststellen, dass Leben auch Angst, Bedrohung und Einsamkeit bedeutet. Dieses Kind wurde sehr still. Es baute Mauern, hinter denen es sich versteckte. Wie soll ich es euch nur erklären? Bedeutet Leben Kampf gegen die Seele unserer Körper? Angst beherrscht meine Seele. Sie hält mich fest. Dieses verrückte Kind, das losrannte und in allem nur das Gute sah. Zerschlagen und gebrochen am Boden. NEIN – ich stehe auf. Ich kämpfe mit, im Krieg um das Leben. Wie ein Drache, mit Wunden, blutend, doch ich gebe nicht auf. Ich möchte wieder lachen und fröhlich sein. Stein auf Stein, immer höher wird meine Mauer. Wenn mir doch jemand zuhören würde. Nein, ich möchte niemandem erzählen, wie ich scheiterte, was man meiner Seele angetan hat. Es bleibt in mir verborgen, bis meine Mauern eines Tages fallen. Ich kämpfe weiter, alleine, eine andere Wahl habe ich nicht. Leben ist Kampf und ich nehme daran teil.

Ständig in Angst zu leben und dann noch seinen Job zu verlieren, war einfach zu viel auf einmal, doch es öffnete mir neue Wege und diese nahm ich gerne an. Ich fing an, Mauern zu bauen.

Meine Mauer versteckte mich

Eines Morgens bekam ich die Kündigung auf der Arbeit. Naja, mein Zeitvertrag wurde nicht verlängert. Aus einem Impuls heraus kaufte ich eine Nürnberger Allgemeine Zeitung und studierte die Stellenangebote. Abends teilte ich meiner Familie mit, dass ich meine Wohnung untervermieten und nach Bayern auf die Fraueninsel gehen würde, zum Arbeiten für eine Saison. Ja, so war ich schon damals. Einfach los, Kopf durch die Wand, ohne lange zu fackeln. Es dauerte genau drei Wochen, vom Entschluss bis zur Umsetzung, und ich reiste zum Chiemsee. *Eine Reise ist ein Umweg zum Ausweg,* schrieb ich damals meiner Mama im ersten Brief. Für mich war es Freiheit, weg von allen schlechten Gedanken und Erinnerungen. Ich hatte mich als Schankkellnerin beworben. Etwas ganz Neues. Naja, meine Eltern hatten zu dieser Zeit schon die Bewirtschaftung des Sportlerheims übernommen und ich habe des Öfteren mal ausgeholfen, dies reichte für eine Bewerbung. Der Arbeitsplatz befand sich genau auf der Fraueninsel, ein Traum. Mein Zimmer teilte ich mir mit einer der Kellnerinnen und die Wirtsleute waren sehr nett. Es war mehr wie eine große Familie. Ich bekam genau den Abstand, den ich brauchte. In dieser Zeit schrieb ich viele Briefe nach Hause und ihr werdet es nicht glauben, es gibt sie noch. Meine Mutter hat sie alle aufgehoben.

Ich arbeitete 18 Stunden täglich an der Schank, dazwischen half ich den Kellnerinnen. Es war Saisonbetrieb und immer sehr viel los. So wie die Schiffe kamen, im Stundentakt, kamen auch die Gäste. In der Hochsaison hatten wir 22 Kellnerinnen und die Tresen machten der Juniorchef und ich. An dieser Stelle möchte ich euch an einen Brief teilhaben lassen, den ich damals meiner Mutter nach meiner Ankunft schrieb. (Originaltext) *Nachts, manchmal auch tagsüber, träume ich mich aus all dem heraus, was mich umgibt. Dann taucht es auf, das Zaubertier, das mir verspricht: Ich trage dich weit fort – aus all deinen Sorgen und Ängsten. Öffne ich jedoch die Augen, so bin ich immer noch am gleichen Ort. Allein in mir. Ich könnte meinen Träumen Leben schenken. Doch all die Träume sind so weit entfernt wie die Sterne am Himmel. Ich recke mich und greife dennoch ins Leere. Wann erhasche ich ein kleines Stückchen von dem, das mich meinen Träumen näher bringt? Nicht nach den Werten anderer leben. Ich muss lernen, nein zu sagen zu dem, was mich erstickt. Ich möchte anerkannt werden, so, wie ich bin. Das heißt für mich aufrecht gehen – kämpfen. Ich bin umgeben von Menschen, die mich lieber in einer Rolle sehen als in meiner Echtheit. Wer bin ich eigentlich? Eine Marionette oder ein Mensch mit*

Gefühlen? Ich mag dieses Spiel nicht mehr mitmachen, bei dem ich unecht sein muss. Doch was bleibt mir übrig? Ich betrüge mich selbst. Stecke hinter einer Mauer fest, die ich mir selbst gebaut habe. Mein Leben rinnt durch meine Finger wie Sand. Ich bin eingesperrt und die Angst beherrscht mein Tun. Ich muss diese verdammte Angst weg bekommen. Sie sperrt mich ein, macht mich zu jemandem, der ich nicht bin. Ich möchte wieder leben und nach den Sternen greifen. Soll ich ewig hinter Mauern leben?

Worte, so viele Worte habe ich meiner Mutter geschrieben. Meine tiefsten Gefühle stecken in den Briefen. Dass sie diese aufgehoben hat, lässt mich meinen Kampf noch direkter sehen als nur die Erinnerungen daran.

Ich fühlte mich wohl und beschützt auf der Insel, wenn ich auch im Inneren mit vielem zu kämpfen hatte. An dieser Stelle möchte ich euch an einem Tagebucheintrag teilhaben lassen. Ich war gerade mal drei Wochen auf der Insel: (Originaltext)

Flucht, immer nur Flucht. Dabei kann ich vor meinen eigenen Gefühlen und Ängsten nicht wegrennen. Es ist egal, wohin ich auch gehe, es ist eine Flucht. Wie soll mein Leben weitergehen, wenn ich direkt die Flucht ergreife? Ich sollte alt genug sein, um zu wissen, wo es lang geht. Ich bin verkorkst, doch habe ich einen inneren Wert. Wenn ich mich nicht meiner Angst stelle, wo bleibt dann mein Leben, das ich leben will? Ich bin eine Flüchtende. Doch flüchte ich vor mir selbst. Wie soll das funktionieren? Soll ich ewig die Angst, mein Leben beherrschen lassen? Wenn ich doch nur mit jemandem sprechen könnte. Doch nein, sie werden mich verurteilen, mir Vorwürfe machen, mich nicht verstehen. Eigentlich flüchte ich auch vor ihnen. Ich muss es wagen, denn wenn ich es nicht tue, werde ich nie erfahren ob ich es geschafft hätte oder nicht. Das Vergangene wird immer ein Teil von mir sein, doch ich sollte es nicht meine Zukunft beherrschen lassen. Dann ist er der Sieger. Nein – auf keinen Fall lasse ich das zu. Ich bin stark, ich will leben, lachen und echt sein. Nein – ich werde siegen. Aufrecht stehen und herzhaft lachen. Auch wenn es einige Zeit dauert. Es ist egal, wie lang, der Tag wird kommen, denn ich fasse hier und jetzt einen Entschluss: Ich will mein Leben erleben und echt sein und dann fallen meine Mauern.

Männer gab es viele um mich herum und am Anfang war es für mich schon ein komisches Gefühl auch nur mit ihnen zu reden. Die erste Annäherung hatten wir nachts. Er arbeitete auch auf der Insel. Für mich stand immer die Frage im Raum, kann ich je wieder Sex haben, nach den vergangenen Erlebnissen? Ich wäre nicht ich, wenn ich nicht alles auf eine Karte gesetzt hätte. Was hatte ich zu verlieren? Ich wollte mich meinen Ängsten stellen. Nichts, was ich nicht schon auf die grausamste Art erfahren musste. Also ließ ich mich darauf ein. Er war viel älter als ich, doch es war mir egal, ich wollte die schlechten Erinnerungen verbannen gegen neue. Das erste Mal und es war wirklich nicht viel, ein Kuss, eine Umarmung, ein hartes Glied an meinem Bauch, und ich brach schreiend zusammen. Ich wollte es, doch ich schaffte es nicht. Er war geschockt und irgendwann erzählte ich ihm, was passiert war. Er sagte zu mir: „Du musst lernen, deine Angst zu überwinden, sonst gehst du kaputt."

Was er damit meinte, erfuhr ich kurz darauf. Er führte mich an die Dominanz heran. Er dominierte mich, fesselte mich, jedoch ließ er mir immer einen Ausweg. Er lehrte mich, Lust zu akzeptieren unter der Dominanz des Partners und vor allem zu vertrauen. Ich merkte, dass ich anders gar keine Erfüllung fand. Es war für mich ein Schock, die Erkenntnis, was es aus mir gemacht hat, dieses Erlebnis. Stockholmsyndrom nannte es später eine Psychologin. In größter Gefahr und Gewalt Lust zu empfinden, war für mich jedoch abartig und geisteskrank. Doch ich wusste auch, wenn ich überleben wollte, musste ich es akzeptieren. Ich hatte einen guten Lehrmeister und, glaubt mir, es tat mir gut. Nein, ich hatte kein schlechtes Gewissen. Es ging von Anfang an nur um eine sexuelle Beziehung und die kosteten wir gemeinsam aus.

Ich stellte fest, dass ich keinen Ekel oder eine Abneigung entwickelt hatte, eben nur diesen Drang nach Dominanz, verbunden mit diesem kleinen Ausweg, und das war ein gutes Gefühl. Jedoch behielt ich mir immer vor, die Oberhand zu behalten. Als es an der Zeit war, wieder nach Hause zu fahren, schrieb ich meiner Mutter folgende Zeilen: *Du fragst mich, ob ich Angst habe, heimzukommen? Ja, Mama, ich habe Angst. Angst vor den Erinnerungen, die auf mich zukommen. Jedoch werde ich jeden Tag ein Samenkorn säen. Wenn es an der Zeit ist, werde ich das eine oder andere ernten. Ach Mama, wenn ich doch zu Hause glücklich wäre? Hier, das alles, war eine Flucht, doch ich sitze nun hinter meiner Mauer fest und, glaube mir, sie ist noch höher geworden.*

Es war eine schöne Zeit, die ich dort verbracht habe, und mit dem Vorsatz, auf jeden Fall in der nächsten Saison wieder dorthin zu fahren, verließ ich die Insel und kehrte zurück in meine eigenen vier Wände.

Doch wir wissen, es kommt immer anders, als man denkt.

Normal sein

Kaum zurück, lernte ich meinen ersten Mann kennen. Ich drängte mein vorheriges Leben zurück, wollte normal sein und stürzte mich in eine neue Verliebtheit. Doch was war normal? Ich hielt mich für unnormal, krank und abartig. Meine Neigungen machten mir Angst. Ich wollte nicht so sein. Also drängte ich diese erst mal zurück, meine Mauern waren dafür gedacht. Auch wollte ich niemanden damit belasten. Ich wollte einfach normal sein. Normal, so, wie ich eben dachte, dass normal ist. Irgendwann heirateten wir. Sicher fragt ihr euch jetzt, wie der Sex war. Ehrlich gesagt, ich weiß es nicht mehr. Es ist, als wäre dies nie in meinen Gedanken und Erinnerungen festgehalten. Es gab sehr schöne Zeiten, wir reisten und hatten viele Freunde. Wir bauten ein Haus und hier fing es an. Ein Haus – für mich ein Gefängnis. Je mehr Steine hochgezogen wurden, desto mehr fühlte ich mich eingesperrt. Schon komisch. Von meinen eigenen imaginären Mauern fühlte ich mich beschützt, doch diese realen Mauern machten mir Angst und nahmen mir die Luft zum Atmen. Also flüchtete ich, erfüllte mir einen Kindheitstraum und reiste nach Australien.

Ich hatte dort Verwandtschaft und Briefkontakt. Ja, ich wurde verurteilt. Wie konnte ich während des Hausbaus wegfliegen? Doch ich hatte diesen

Drang, jetzt gleich raus zu müssen, ansonsten wäre ich schreiend zusammengebrochen.

In Australien erlebte ich etwas, das noch heute mein Leben beherrscht. Ich spürte das erste Mal Freiheit in mir. Das Gefühle in mir, frei zu sein. Ich verbrachte viel Zeit damit, mein Leben zu reflektieren, und ich erlangte die Erkenntnis, dass ich nur der Spielball anderer war, doch ich selbst war verborgen in mir. Mit meinem Mann konnte ich nicht reden. Nein, er war ein total Falscher dafür. Für ihn war alles gut, wie es war. Ich kann mich komischerweise an die Zeit mit ihm nur sehr schwach erinnern. Durch meine Tagebuchaufzeichnungen jedoch weiß ich, dass es viele Probleme gab.

Hier eine Tagebuchpassage, die ich zu dieser Zeit schrieb. (Originaltext)

Ich wünsche mir so sehr einen Mann, der mich versteht und mir zuhört. Es war vielleicht ein Fehler, ihm meine Vergangenheit zu verschweigen. Aber er fragte nie danach. Sein Motto war, lass die Vergangenheit ruhen. Ja, das ist leicht gesagt, wenn man durch viele Kleinigkeiten daran erinnert wird. Es gibt Momente, da möchte ich ihn anschreien. Rede mit mir, höre mir zu. Doch ich schweige, denn ich schäme mich dafür und wie soll man dem eigenen Mann gestehen, dass man abartig und gestört veranlagt ist? Er kann nichts dazu. Ich habe einen Fehler gemacht, normal wollte ich sein. Ich bin nicht normal – oder doch? Nein, was ist normal? Ich bin es nicht. Nie gewesen. Was habe ich getan? Er hat Glück verdient. Doch mit mir Verkorkster, nein, das geht nicht.

In den Wochen in Australien fand ich mich selbst. Ich hatte viel Zeit zum Nachdenken und auch die Natur mit ihren für mich magischen Eindrücken brachte Ruhe und Erkenntnis in mich. Als ich zurück war, spitzte sich die Lage zu. Ich war nur noch unglücklich. Das Haus, die Gesellschaft, einfach alles engte mich ein. Ich war eine Gefangene in meinem eigenen Wesen. Nach außen immer korrekt und bloß nichts sagen. Doch hinter verschlossenen Türen war die Welt schwarz und dunkel. Diese Dunkelheit fraß mich auf. Das schlechte Gewissen, geschwiegen zu haben. Ich selbst war nicht mehr ich, nur noch eine Marionette. In mir brodelte ein Vulkan, kurz vorm Ausbruch.

Steine holen mich ein

Dann kam der große Wunsch nach Kindern. Wir hatten schließlich zwei Kinderzimmer eingebaut ins Haus. Doch es klappte nicht. Alle um mich herum bekamen Kinder und ich habe mir immer viele Kinder gewünscht. Untersuchungen ergaben, es lag an mir. Die nächste Lüge entstand. Hormonstörungen auf Grund, dass ich als Kind an Hypertonie gelitten habe. Was für eine Lüge.

Ich habe mir vorgenommen hier die Wahrheit zu schreiben. Deswegen spreche ich es aus, denn hier holten mich meine vergangenen Erlebnisse wieder ein. Der wahre Grund waren unbehandelte innere Verletzungen an meinen Eierstöcken. Dadurch, dass sie nicht behandelt wurden, vernarbten und verklebten die Eileiter und ich bekam keinen Eisprung mehr. Der Arzt stand unter Schweigepflicht und das war gut so. Denn ich wollte nicht, dass jemand erfuhr, dass es meine eigene Schuld war, dass ich keine Kinder bekommen konnte. Ja, ich gab mir die Schuld. Hätte ich damals nicht geschwiegen und die Wahrheit gesagt, wäre ich behandelt worden. So habe ich meinen eigenen Kindern die Chance genommen, ins Leben zu gehen. Ihr sagt jetzt sicher, doofe Gedanken, doch so denkt man dann und man zerbricht daran. Ich hasste die ganze Welt und mich am meisten. Ich hasste mein ach so heiles Leben mit Haus, Garten,

Geld. Es war nur materiell und ich lebte eine Lüge. Ich war in mir gefangen, hinter meiner Mauer.

Glücklich waren wir zu dieser Zeit schon lange nicht mehr. Es war eben so, dass wir zusammen waren, doch mehr gab es nicht. Er war kein schlechter Mensch, doch er war nicht für mich geeignet. Ich war innerlich zu kaputt, um überhaupt noch etwas an dieser Beziehung zu retten. Ich platzte fast, so ein Druck war in mir. „Freiheit", schrie mein ganzes Wesen. Immer unglücklicher wurde ich. Fühlte mich missverstanden und benutzt. Die Wände kamen auf mich zu und schienen mich zu erdrücken. Ich hatte das unbändige Verlangen nach Erlösung, ja auch nach hartem, dominantem Sex. Doch dies war in dieser Beziehung nicht möglich. Schon der Gedanke daran war verboten. Immer öfters flüchtete ich. Ging ich fremd? Natürlich – doch auch hier fand ich keine Erfüllung. Ich sagte es sogar meinem Mann, doch er lachte nur – nahm mich nicht ernst. Er hörte mir nie zu. Ich hatte somit ein reines Gewissen, dachte ich mir. Denn ich verbarg es nicht. Wenn er mir nicht zuhörte und glaubte, war es eben seine Schuld. Nein, er war ein guter Mensch, doch auch sehr mit seinen Interessen beschäftigt und überhaupt kein Partner für mich. Denn ich konnte nicht mal offen mit ihm reden. Auch das Interesse für mich selbst war nie da. Warum wir geheiratet hatten? Keine Ahnung. Doch man kann Fehler korrigieren. Naja, Erfahrungen, die nicht passen. Er hatte es verdient, glücklich zu sein, und ich, in meinen verkorksten Inneren, konnte es ihm nicht geben. Ich wäre nicht ich, wenn ich keinen Ausweg gefunden hätte. Was sind materielle Dinge schon wert? Für mich nichts. Denn ich wollte mein Leben zurück. Ich wollte leben, mich lebendig fühlen.

Zu dieser Zeit schrieb ich in mein Tagebuch folgendes: (Originaltext)

Flieg, mein Vogel, flieg hoch und weit, ganz schnell nur weg von hier. Weg vom grauen und stürmischen Land. Flieg in die Ferne und such dir helles, fruchtbares Land. Dorthin, wo Menschen dich lieben und verstehen. Wo Träume nicht wie Schaum zergehen. Mach Rast auf hohen Gipfeln, wo kein Unheil dich erreicht. Flieg der Sonne entgegen, es ist nicht weit. Lass das Dunkle in der Tiefe, meide Donner, Blitz und Sturm. Denk immer an die Ferne. Flieg hoch, mein Vogel, nur Mut. Es wird dir gelingen, weil in dir die Freudschaft wohnt. Lass dich nicht hängen, geh in die Luft, flieg hoch und schau nicht zurück. Du gehörst nicht hierher, bist hier fehl am Platz. Dein Lachen hast du verloren und dein Wesen versteckt, verliere nicht noch deine Seele, flieg hoch und weit, nur weg. Du bist gutherzig, warm und weich, für diese harte Welt nicht geschaffen. Man stiehlt dir deine Freuden, deine Träume und dein Leben. Man ver-

kauft deine Federn, ohne Dank und Verstehen. Man nutzt dich aus, benutzt dich nur. Nimm dir deine Freiheit, hol sie dir zurück. Flieg, flieg doch endlich, gib mir deine Hand. Lass uns fliegen zusammen in unser Traumland. Dorthin, wo Blumen duften, die Sonne lacht, wo abends der Mond deinen Schlaf bewacht. Wo Menschen dich lieben, so, wie du bist. Wo deine Seele zuhause ist. Weine nicht, kleiner Vogel, du bist nicht allein. Nimm Abschied vom Grau, ich weiß, es ist schwer, doch die Hoffnung auf Sonne schwindet hier immer mehr. Du reichst eine Feder, doch man nimmt dein ganzes Kleid. Man sagt, du sollst vertrauen, doch man sperrt dich ein. Du gehörst in ein Land, wo Lachen erlaubt, wo Freundschaft noch zählt. Wo Worte noch Wert haben, wo man dich versteht. Wo Träume Perlen sind und Gefühle wertvoller Besitz. Wo Träume über Vögel alltäglich sind. Ich bin der Vogel, die Flügel gestutzt, doch kämpfe ich mich nach oben in das Licht. Fliegen, hoch und weit. Lasst mich fliegen, ich bin bereit.

Es gab nur einen Weg, der mir noch offen blieb, und dieser ging senkrecht nach oben, dem Licht entgegen.

Steine singen

Wie schon so oft in meinem Leben machte ich einen Cut und änderte die Richtung. Ich war nicht glücklich, wurde wie so oft schon wieder missverstanden und war nicht bereit, die Schuld auf meine Schultern zu laden. Die Flucht nach vorn war meine einzige Option. Mich ausnutzen, mich verurteilen und in eine Rolle stecken zu lassen, die nicht ich war, nein, dazu war ich mir einfach zu schade. Doch es hieß auch, wieder mal alles zurückzulassen und neu anzufangen. Kein leichter Entschluss, doch ein Entschluss, den ich aus tiefsten Herzen fasste.

Ich landete in Hagen, einer grässlichen Stadt, wie ich bei meinem ersten Eindruck feststellte. Doch ich war raus aus meinem alten Leben, das mir nur Wunden zugefügt hatte, also nahm ich es hin. Derjenige, mit dem ich meine Flucht antrat, war nicht passend für mich, denn auch er sah meinen Wert nicht. Naja, ich denke mir, dass es einfach just for fun war, mehr nicht. Ich erkannte es schnell, als er mich einen Tag mitnahm, um seinen Arbeitsplatz kennenzulernen. An diesem Tag kreuzte ein Kollege unseren Weg und als er fragte, wer ich denn sei, sagte er und er glaubte, ich hörte es nicht_ „Die kannst du geschenkt haben." Ja es tat weh, doch glaubt mir, im Nachhinein war es mein Glück und ich kann ihm heute danke dafür sagen.

Der Kollege entpuppte sich als sehr hartnäckig und er rief mich ein paar Tage später an und wir verabredeten uns. Er war so ganz anders als mein Exmann. Er beschrieb sich selbst so: „Klein, dick, rot und hässlich.“ Doch ich habe noch nie einen Menschen mit so einen starken Charisma kennengelernt. Was mir sofort gefiel, war sein Humor und seine Ehrlichkeit. Er nahm kein Blatt vor den Mund, sagte direkt, dass er mit mir in die Kiste wolle und dass er alle vier Jahre seine Frau wechselte und dass das eben so ist. Für mich zu dieser Zeit kein Problem. Denn ich hatte die Schnauze gestrichen voll von all den Typen in meinen Leben. Ich wollte einfach frei sein. Doch auch hier lief der Anfang nicht rund. Wir trafen uns, vögelten miteinander und ich hatte eine echt miese Einstellung zum Leben. Ich fand einfach meinen Platz nicht, war ruhelos und mich nervte alles. So kam der Tag, an dem mir alles zu viel wurde, und ich floh wieder Richtung Osten in meine Heimat. Tja, wenn man so eine Fickbeziehung hat, redet man ja nicht viel über Namen und Vergangenheiten. So kannte er zwar meinen Vornamen und wenige Details, doch genau wusste er nichts über mich. Doch er wäre nicht Bomber gewesen, wenn er nicht einen Weg gefunden hätte, sein Reginchen einzufangen. Ich befand mich gerade bei einer Freundin, als meine Mama mich anrief und mir erzählte, sie habe gerade einen sehr seltsamen Anruf gehabt. Es rief ein Mann an und er fragte, ob sie einen Stammtisch hätte, an den nur fünf Personen passten, und eine Tochter, die Regine heißt. Glaube mir, ich brauchte nicht lange zu überlegen, wer es war. Denn so etwas Verrücktes konnte ich nur ihm zuschreiben. Natürlich rief ich zurück und er erzählte mir, dass er wegen mir mit einem Fuß im Knast stand, da er Sachbeschädigung in der Post begangen hatte. Denn er hatte doch wirklich ein Telefonbuch geklaut und auseinandergenommen, dann hatte er jede Wirtschaft, bei A angefangen, im Landkreis meiner Heimat angerufen und nachgefragt, ob sie einen kleinen Stammtisch und eine Tochter mit Namen Regine haben. Er hatte Glück, das mein Mädchenname mit B anfing und er nach kurzer Zeit schon Erfolg hatte. Mein Gedanke zu dieser Zeit war: „Wenn ein Mensch diesen Aufwand betreibt, um mich wiederzufinden, dann sollte ich ihm doch eine Chance geben."

So fuhr ich wieder nach Hagen und kurz darauf zog ich auch direkt in eine neue Wohnung, näher zu ihm. Er sagte mir, dass er nie zu mir ziehen würde, denn er lebe in einer Wohngemeinschaft, zusammen mit der Mutter seines Sohnes, und wegen seines Sohnes würde er nicht ausziehen. Mir war es egal, so waren wir uns ja einig, dass nach vier Jahren eh Schluss sein würde. Naja, es dauerte nicht mal einen Tag und er zog bei mir ein.

Zu dieser Zeit schrieb ich einen Brief an meine Mutter, den ich hier mit euch teile, denn sie hat ihn aufgehoben. (Originaltext)

In mir bin ich frei. Meine kleine Welt sieht wieder helle Farben. Was sind schon Hab und Gut wert, wenn man nicht glücklich ist? Ich finde, wir haben nur dieses eine Leben und es kommt auch gar nicht darauf an, wie lange man lebt, sondern dass man es sinnvoll verbracht hat. Weißt du, ich bin ein Vogel in einem goldenen Käfig gewesen. Es ist schön, so einen Vogel zu besitzen. Er ist schön anzusehen und herzuzeigen in seinem Käfig. Irgendwann kommt jedoch die Zeit, in der der Besitzer ihn nur noch als Randerscheinung wahrnimmt. Fliegen darf der Vogel nicht, denn er könnte ja wegfliegen. Also lässt man ihn eingesperrt. Dies ist das Denken der Menschen. Sie denken, Futter, Wasser und ein nettes Wort ab und zu reichen aus, um einen Vogel glücklich zu machen. Am Anfang singt der Vogel sicher noch. Doch mit der Zeit wird er leiser, bis er ganz verstummt. Der Mensch jedoch merkt es nicht. Der Vogel schreit, flattert, will zeigen, dass er frei sein will. Doch der Mensch bleibt blind. Mama, mein Mann sagte mir: „Vögel werden von Katzen gerissen." Er hat recht. Doch wenn der Vogel sich darum Sorgen machen würde, würde er nie fliegen und nie als Vogel gelebt haben. Es ist nun einmal die Natur des Vogels zu fliegen. So wie im Menschen der

Drang danach steckt, glücklich zu sein. Egal, welche Gefahr droht. Weißt du, man sollte nie versuchen, ein Lebewesen einzusperren. Wenn es sich wohlfühlt, glücklich und zufrieden ist, wird es auch von alleine bleiben. So wäre es mit dem Vogel im goldenen Käfig auch gewesen. Er hätte seine Flügel ausgebreitet, wäre geflogen, jedoch wäre er immer wieder gerne zurückgekommen und gerne bei seinem Besitzer geblieben. Doch es fehlte an Verständnis und Liebe. Nun hat sich der Vogel seine Freiheit hart erkämpf, jedoch ist er nun auch schwach und verletzlich. Er braucht alle Hilfe, die er bekommen kann. Er hat einen neuen Fänger gefunden und jetzt kommt es darauf an ob dieser Fänger den Vogel versteht. Peter, mein Brieffreund sagte einmal zu mir: „Schwimm, kleiner Fisch, schwimm zu einem anderen Angler. Aber bedenke, auch andere Angler haben Haken." Ja ich habe in meinen Leben schon viele Haken gespürt und sie haben Narben hinterlassen. Diesmal, Mama, habe ich mich in einem Netz verfangen. Wünsche mir und glaube an mich, dass die Maschen groß genug bleiben, dass ich jederzeit, wenn ich mich nicht mehr wohlfühle, hindurchschlüpfen kann. Angst habe ich und nicht gerade wenig. Aber wenn ich nicht fliege als Vogel oder schwimme als Fisch, werde ich eines Tages sagen: „Ich habe nicht versucht, etwas Besseres aus meinen Leben zu machen. Ich habe nicht da-

rum gekämpft, glücklich zu werden. Ich habe nicht gelebt." Auch wenn ich tief falle oder mich in Maschen verfange, so weiß ich doch, dass zumindest du da bist, die mich auffängt und mir eine Hand reicht und mir den Mut gibt, wieder weiterzugehen. Du hast mir in einer meiner schlimmsten Zeiten das Büchlein „Die Möwe Jonathan" geschenkt. Ja, ich bin diese Möwe und kämpfe mich gegen den Wind durchs Leben und Aufgeben ist keine Option für mich.

Hier, an dieser Stelle, muss ich euch etwas über Bomber erzählen, denn es ist wichtig, um unser weiteres Leben zu verstehen.

Bomber, mein Fels

Ein Biker, ein Motorradfreak, tätowiert, knallhart, verschuldet bis über die Ohren, mit einem Fuß im Knast, immer sarkastische Sprüche drauf, immer am Spaß haben und, holla die Waldfee – sexuell auf den heftigsten Stand, genau meine Wellenlänge und was ich brauchte, und das Beste, er hatte Herz. Er war ein tiefgründiger, jedoch offener Mensch. Das war das Komplettpaket, das ich bekam. Eigentlich hätte ich Angst vor ihm haben müssen durch meine schlechten Erfahrungen in der Vergangenheit. Doch nein, genau das Gegenteil war der Fall – ich fühlte mich das erste Mal in meinen Leben beschützt. Als ich ihn meinen Eltern vorstellte, glaubt mir, das war ein mega Schock für meine Familie. Ich kam mit einem tätowierten Biker mit Bäuchlein an, der mit seinem trockenen Humor und seiner Direktheit alle Münder offen stehen ließ. Sie hielten mich alle für verrückt. Ich, tiefgründig und ein stiller Mensch, Naturliebhaberin und leidenschaftliche Leserin, lieb, nett und immer für andere da und nun so ein Kerl. War es ein Ausbrechen aus meinem inneren Selbst? War es eine Revolution gegenüber der Welt, des Lebens? Ich verlor dadurch viele sogenannte Freunde, die bis dato an meiner Seite standen. Sogar Familienmitglieder distanzierten sich von mir. Als ich dann auch noch den Motorradführerschein machte, mich tätowieren ließ und eine Harley Davidson kaufte, wandten sich noch mehr von mir ab. Ich passte nicht mehr in deren Welt. Dort waren nur materielle Dinge wichtig. Je mehr man hatte, desto angesehener war man. Doch mir waren andere Werte wichtig. Was nützte mir ein Haus, ein Mann mit Geld, wenn es mich nicht glücklich machte? Doch mich störte es wenig, denn die, die mich wirklich schätzten, blieben und darauf kam es an.

Bomber war eine Urgewalt auf zwei Beinen und er tat mir gut. Er war der erste Mensch, dem gegenüber ich meine Vergangenheit und meine Verkorkstheit erwähnte. Zwar keine Einzelheiten, denn diese lehnte er ab, doch er hörte mir zu und nahm mich trotz alledem. Jedoch hatte auch unser gemeinsames Leben viele Tiefpunkte, denn ich war arbeitslos, hatte Schulden und er hatte ebenfalls einen Berg Schulden. Doch das hielt uns nicht davon ab, Spaß zu haben. Wir fuhren auf Motorradtreffen und verprassten Geld, das wir nicht hatten. So kam es, dass wir kurz vorm Exitus, vor der Straße, standen.

Also nahm mein Leben wieder einen Richtungswechsel vor. Jedoch war es meine Entscheidung, ohne Zwang, ganz alleine meine Entscheidung.

Eine undurchdringbare Mauer (Triggerwarnung)

„Das Leben ist wie eine Straße voller Felsbrocken – diese zu überwinden und weiterzugehen – das ist die wahre Kunst des Lebens …“

Hier, an dieser Stelle, möchte ich euch eine Geschichte erzählen, eine Geschichte, die das Leben schreibt. Ich möchte euch die Geschichte von Sammy erzählen, einer Freundin, die ein Teil von mir wurde.

Sie mag sich hart anhören aber heute sage ich – auch diese Zeit und Erfahrung mit Sammy hat mich reifen lassen und zu dem Menschen gemacht, der ich heute bin, und sie gehört immer noch zu meinem Leben dazu, wie die Luft zum Atmen.

Sammys Entscheidung

Man bricht aus, aus seinen alten Leben voller Wohlstand und Unzufriedenheit. Warum? Weil man einfach keinen Bock mehr hat auf das ganze Gekünstelte und die ach so heile Welt. Man will leben und nicht nur existieren. Doch wie geht's weiter? Man braucht Geld, es bestimmt unser Leben. Also sucht man sich einen Weg.

Sammy stand vor dem Nichts. Aber sie wollte es so, es war ihre Entscheidung. Also musste sie sich etwas suchen, um schnell wieder hoch zu kommen. Tja, sie hatte das verdammte Pech, dass es sie in den Kohlenpott verschlug. Na ja, sagen wir mal so, hier war diese Möglichkeit fürs schnelle Geld eben gegeben. Sie kann heute nicht mehr sagen, wie sie da rein rutschte, es ging ziemlich schnell. Sie lernte ein Mädchen kennen und man plauderte einfach locker darüber, und so ging sie einfach mit. Sie war schon immer neugierig und offen für Neues.

Ein Tag wie viele und doch der erste

Da saß sie nun. Es war eine kleine Wohnung in Bochum. Sie waren vier Mädchen. Es gab eine kleine Küche, ein Bad und ein Wohnzimmer. Das Wohnzimmer war auch gleichzeitig der Empfangsbereich. Dann gab es noch eine Wohnung nebenan, in der sich die Schlafräume befanden.

Sie saßen da, tranken Kaffee und sie wurde in die „Arbeitsregeln" eingeführt. Um diese hier mal kurz zu erläutern: Man muss immer lächeln. Hygiene steht an erster Stelle. Küssen auf den Mund ist verboten. Gemacht wird nur, was man selbst verantworten kann. Alles nur mit Schutz. Und nicht länger als eine halbe Stunde. Keine Perversitäten, dafür gibt es welche, die sich darauf spezialisiert haben. Man bietet hier die ganz normale Dienstleistung an. Wer das nicht akzeptiert, kann gehen.

Sie hatte Glück, dass sie bei so netten Mädels ihr Leben beginnen konnte. Außerdem war sie erst mal nur zum Reinschnuppern dort.

Sie saßen eine ganze Stunde so rum und sie erzählten ihr so einiges, wobei sie immer wieder dachte: Nee, das schaffe ich nicht.

Dann klingelte es. Sie setzen sich in Pose und eine machte die Tür auf. Nach der Begrüßung des Gastes wurde er erst einmal über die Regeln aufgeklärt, dann trat er ein und setzte sich zu ihnen. Nach ein paar Minuten entschied er sich für eine von ihnen und sie ging mit ihm in die angrenzende Wohnung. Nach einer halben Stunde kamen sie zurück. Er verabschiedete sich und das war's. Ehrlich gesagt hatte sie ganz schön Herzklopfen, und war megafroh, dass er sich nicht für sie entschieden hatte.

Noch ein erstes Mal

Beim nächsten Klingeln wurde sie zur Tür geschickt. Sie öffnete und ein Kerl Mitte dreißig stand vor ihr. Sie begrüßte ihn und ratterte die Regeln runter, wie sie sie es bei ihren Kolleginnen beobachtet hatte. Danach bat sie ihn einzutreten. Das Herz klopfte ihr bis zum Hals. Ihr kam es wie Stunden vor, dabei waren es nicht mal fünf Minuten, bis er sich für sie entschied.

Sie stand mit zitternden Knien auf und er folgte ihr in die angrenzende Wohnung. Dort angekommen, gab sie ihm ein Handtuch. Diese lagen in einem Regal im Flur bereit. Dann zeigte sie ihm das Bad. Er ging hinein, um sich zu waschen. Sie ging schon mal in eines der Zimmer, legte ein großes Handtuch in die Mitte vom Bett und ein Kondom daneben. Dann zog sie sich bis auf ihre Unterwäsche und Schuhe aus. Als er kam, nur mit einem Handtuch bekleidet, na ja, sie war voll nervös. Er trat vor sie hin, sie öffnete das Handtuch und dann fing sie erst einmal mit der Hand an. Also, sie legte ihre Hand um seinen Schwanz und fing an, ihm einen runterzuholen. Er starrte auf ihre Brüste, sie hatte nicht gerade wenig zu bieten, dann griff er danach und knetete sie. Schnell schwoll sein Phallus an. Sie griff zum Kondom und zog es über seinen erigierten Schwanz. Dann fing sie an, ihm einen zu blasen. Sie schloss ihre Lippen um sein Ding und machte das, was man eben zuhause bei seinen Partner auch macht. Er fing an zu stöhnen und sagte, er wolle sie ficken. Sie sagte: „Leg dich hin, ich fick dich." – Das sagten ihr auch die Mädchen, versuche es immer so zu drehen, das du ihn fickst und nicht er dich, so hast du die Macht. Sie zog ihre Wäsche aus und hockte sich über ihren ersten Freier. Das war gar nicht so einfach, mit den hohen Schuhen auf dem weichen Bett. Aber die Schuhe sollte man immer nach Möglichkeit anlassen. Warum, das hat sie bis heute nicht so ganz verstanden. Sie langte nach unten und führte seinen mit Kondom versehenen Schwanz in ihre rasierte Muschi. Sie bewegte sich ein, zweimal rauf und runter und schon kam er. Sie griff nach unten, hielt das Kondom etwas fest und zog seinen Schwanz aus sich raus. Sie nahm ein Zewa, das bereitlag, und zog damit das Kondom runter, mit einem weiteren Blatt wischte sie ihn ab und schmiss alles in den Mülleimer. Dann legte sie sich kurz neben ihn und er sagte: „Das war geil.“ Na ja, was er daran als geil empfunden hatte, konnte sie nicht nachvollziehen. Sie blickte auf die Uhr und stellte zu ihren Erstaunen fest, das erst 20 Minuten vergangen waren. Er setzte sich auf, bedankte sich und ging ins Bad, um sich anzukleiden. Sie nahm das Handtuch vom Bett und legte es in die Wäschebox, schlang ein Handtuch um sich und wartete, bis er fertig war. Als er aus dem Bad kam, gab er ihr das verabredete Geld in die Hand, dankte nochmal und sie ließ ihn raus. Sie ging unter die Dusche, zog sich wieder an und dann ging’s zu den Mädels. Die waren schon mega gespannt auf ihre ersten Erfahrungen. Sie schauten sie an und sie sagte: „War gar nicht so schlimm.“

Dazu muss ich sagen, dass sie wirklich Glück hatte, dass ihr erster Freier nicht so ein stinkender Perversling war. Sie hielt das Geld in den Händen und dachte so bei sich, auch gut. Für diesen Tag war es das dann auch. Sie ging mit vielen Eindrücken und Gedanken nach Hause.

Sammy

Drei Tage später bekam sie einen Anruf, ob sie Lust hätte, mit in einen Saunaclub zu gehen. Also fragte sie erst einmal, worum es da ging. Denn eines wusste sie, Vorsicht war das oberste Gebot. Sie packte ein Handtuch und ihre hohen Schuhe ein und los ging's. Der Club befand sich in einer Villa. Sie gingen hinten rein, da gab es extra einen Eingang für die Mädchen. Man fragte sie nach ihrem Künstlernamen und sie schaute erst mal etwas doof aus der Wäsche, doch dann verstand sie und nannte den ersten Namen, der ihr einfiel: „Sammy." So hatte sie nun auch einen Namen bekommen.

Ich werde euch in meinen weiteren Zeilen von gerade dieser Sammy erzählen, von ihren Erlebnissen und Eindrücken, ihren Gefühlen und Ängsten, ihrem Hass und ihren Freuden, die sie erlebt hatte, in der Zeit wo sie in mein Leben gehörte. Sammy war eine eigene Person. Ja, sie gehörte zu mir und wurde zu einem Teil von mir, doch sie war auch eigenständig und besonders und sie lehrte mich viel.

Der Club

Im Haus zeigte man Sammy, wo sie sich umziehen konnte. Dort gab es auch Schließfächer für Wertsachen. Sie zog sich aus, cremte sich noch mal von oben bis unten ein, richtete ihre Haare, schminkte sich, zog ihre Schuhe an und schwang sich ihr Handtuch um die Hüften. Dann wurde sie herumgeführt. Es gab einen Empfangsraum, dort stand eine Theke mit einer sehr netten Frau dahinter. Diese hatte die Aufgabe, die Freier reinzulassen und ihnen die Regeln zu erklären. Sie sorgte auch für Getränke und hatte kleine Speisen, wie z.B. eine Suppe oder ein Brötchen. Nebenan ging es in die Räume für die Mädchen. Dort standen in jedem Raum Sofas rum und überall saß ein Mädchen darauf. Manchmal auch zwei. Einen Wintergarten und einen Freilandgarten gab es auch. Natürlich alles abgeschirmt von draußen. Die Männer kamen rein, bekamen Handtücher, einen Schlüssel wie in einem Schwimmbad und mussten sich frisch machen, es gab extra Duschen dafür. Es gab auch eine Sauna, wohl eher obligatorisch, denn sie wurde sehr selten benutzt. Sammy suchte sich eine freie Couch und warf sich in Pose. Es dauerte nicht lange, und der erste Mann gesellte sich zu ihr. Man stellte sich einander vor, redete etwas miteinander und trank was. Er war ganz witzig und Sammy wurde etwas lockerer. Dann gingen sie nach oben, jedoch nicht, bevor sie vorn an der Theke Bescheid gesagt hatte. Dort hatte jeder Gast eine Karte. Da wurde der Name des Mädchens aufgeschrieben und die Zeit, die er mit ihr verbracht hatte. Oben befanden sich die so genannten Spielzimmer. Es gab zwei Zimmer mit je einem Bett und dann gab es auch Zimmer, wo richtige Bettlandschaften aufgebaut waren. In einen dieser Räume gingen die beiden. Es lag schon ein anderes Mädchen mit ihrem Freier dort. Aber das störte nicht. Sammy breitete ein Handtuch aus, nahm ein Kondom aus ihrem keinen Täschchen, das sie bei sich trug, und legt sich hin. Dann ging es los – erst wichsen, Kondom überstreifen, blasen und ficken. Das ganze in 30 Minuten. Dann wurde geduscht und man verabschiedete sich. Sammy ging wieder auf ihr Sofa und der Gast ging nach Hause oder schaute sich noch weiter um. So ging es zwölf Stunden. Das war schon eine ziemlich lange Zeit. Sammy schaffte es, an ihrem ersten Tag vier Freier abzubekommen.

Dann ging es an die Abrechnung. Man musste für Essen, Wäsche und Wasser eine Pauschale an das Haus zahlen, das wurde abgezogen und dann bekam man seinen Anteil ausbezahlt.

Sammys Gedanken

Sammy verließ das Haus, in der Tasche ihr erstes Geld, das sie für die älteste Dienstleistung auf der Welt bekommen hatte – die Prostitution.

Ihre Gedanken überschlugen sich. Nach Hause konnte sie noch nicht, dazu war sie zu aufgewühlt. Sie musste das erst einmal alles verarbeiten.

Sie fuhr an den See und setzte sich auf eine Bank. Es war mitten in der Nacht, aber es war eine schöne Nacht, der Sternenhimmel leuchtete, und das Wasser glitzerte, als sich der Mond darin spiegelte.

Sie saß einfach nur da und hing ihren Gedanken nach. Fragen beschäftigten sie: War sie jetzt eine Hure, Nutte, ein Freudenmädchen?

War sie etwas Dreckiges, etwas, das man verachten musste, oder war sie einfach ein Nichts, ein Niemand, eine Unsichtbare, die nichts Besseres im Leben kann, als ihren Körper zu verkaufen? Sollte sie weitermachen oder aufhören, solange noch Zeit dazu war? Aber da gab es ja noch mich. Die Person, die Schulden hatte und was zum Leben brauchte. Es gab nur einen Weg im Augenblick – weiter zu machen. Ein anderer Ausweg war nicht in Sicht und das wusste Sammy.

Wir zwei ergaben ein Team und jeder musste seinen Beitrag dazu leisten. Wir gehörten zusammen und kämpften beide ums Überleben. Wir kämpfen für eine Zukunft, für ein gemeinsames Leben, für eine Existenz in einer dunklen Welt. Sammy nahm das Geld aus der Tasche und zählte es mehrmals durch. Es wurde nicht weniger, ne ganze Menge für ein wenig Sex. Naja, zu dieser Zeit wusste sie noch nicht, dass es noch besser geht. Es war viel Geld für sie, was sie in den Händen hielt. Langsam wurde es Zeit heimzugehen. Sie raffte sich auf und ging nach Hause zu ihrem Partner.

Es war komisch, heimzukommen. Kann man es wirklich trennen? Kann man trotz allem eine Beziehung führen? Kann man noch ein normales Leben führen? Viele Fragen und keine Antworten. Doch die Zeit würde Antworten bringen.

Vorsicht ist oberstes Gebot

Der nächste Tag brach an. Sammy traf sich mit einem der Mädchen und gemeinsam ging es zum Gesundheitsamt. Dort gibt es extra eine Stelle für Prostituierte. Dort wurde ein Abstrich gemacht, alles anonym, nur mit dem Künstlernamen, und man bekam eine Bescheinigung, dass alles O.K. ist. Die wiederum gibt man in dem Club ab, in dem man gerade arbeitet. Ohne diese Bescheinigung, darf man nicht arbeiten und sie muss alle 14 Tage erneuert werden. Ich finde das gut, vor allem weiß man, dass alles in Ordnung ist und man sich nicht mit irgendwelchen Krankheiten angesteckt hat. Ehrlich gesagt wird eine Nutte häufiger überprüft als eine normale Frau. Denn welche Frau geht schon alle 14 Tage zu einer Kontrolle? Echt witzig. Da schimpfen die Frauen und regen sich auf, wenn ihr Mann zu einer Prostituierten geht, weil er sich dort alles Mögliche einfangen könnte. Aber seien wir doch mal ehrlich. Eine Nutte geht alle 14 Tage zu ihren Untersuchungen, es geht alles hygienisch zu und sie nimmt ein Kondom. Sie duscht nach jedem Freier und achtet sehr auf ihren

Körper. Wie oft geht eine „normale“ Frau zum Arzt? Zweimal im Jahr, zur Krebsvorsorge, oder erst, wenn sie was hat? Wie oft fickt sie ohne Kondom? Sie duscht bestimmt nicht vor jedem Geschlechtsverkehr und danach sicher auch nicht. Und wie oft geht sie mit einem Mann ins Bett, ohne dass sie sich schützt oder bevor sich beide erst mal gepflegt haben? Eine Nutte ist zu 98% rasiert im Intimbereich. Das ist auch viel hygienischer und es können sich keine Unsauberkeiten in den Schamhaaren verfangen. Wie viele „normale“ Frauen sind zugewuchert und benutzen nicht mal Feuchtpapier, wenn sie auf der Toilette waren. Echt ekelig, wenn man so darüber nachdenkt.

Manch eine Frau sollte mal bei sich selber anfangen, bevor sie über die gewerblichen Damen herzieht. Klar gibt es auch die Straßennutten und die etwas anderen, die eben nicht so sauber sind. Aber wenn ein Mann in einen Club geht, dann kann er sicher sein, dass es dort hygienisch zugeht. Wenn er sich allerdings an einer Straßenecke eine für ein paar Cent holt, dann darf er sich nicht wundern, das er sich was einfängt. Es ist eben das Leben. Man muss schon etwas investieren, um auch eine gute Dienstleistung zu bekommen.

Jetzt wird es ekelhaft

Auf einen Tag folgte der nächste. Es war immer der gleiche Ablauf. Sammy saß auf der Couch und bot ihren Körper an. Es waren nicht immer nette oder junge Kerle. Aber hier ging es ums Geld und nicht darum, was ihr gefiel. Mal ehrlich, Sammy war auch nicht der totale Knaller. Es gab Mädchen die waren echt super geile Weiber. Es gab alle Nationalitäten. Polenmädchen waren heiß begehrt, wegen ihrer langen Beinen und meist blonden langen Haare. Auch Brasilianerinnen, vor ihnen verblasste jede Deutsche. Sie hatten auch meist ihre Zuhälter und mussten für diese anschaffen gehen. Da hatten die wenigen, die für sich selbst ums nackte Überleben arbeiteten, es gut. Sammy war gut gebaut, vollschlank, griffig, blond, hatte Oberweite 90C und etwas Speck auf dem rechten Fleck. Aber es gab viele Männer, die genau so etwas suchten und nicht die Modepüppchen mit keinem Gramm zu viel unter der Haut. Sie machte ihr Pensum, wenn auch nicht so viel wie die anderen Mädchen. Mittlerweile war es eine richtige Arbeit geworden. Sie verdiente ihren Unterhalt. Doch es war nicht immer leicht. Einmal setzte sich ein älterer Typ zu ihr. Er sagte, er wäre 78 Jahre alt, aber noch total geil. Deshalb gehe er in den Club, denn seine Frau hätte keine Lust mehr. Es war ekelhaft. Er roch alt, trotz duschen, und sein Ding stand gar nicht mehr richtig. Sammy fragte sich, wie sie den nur reinbekommen sollte, so ein halbschlaffes Ding. Na ja, man hatte so seine Tricks gelernt und irgendwie ging ihm dann doch einer ab. Am Ende schaffte man es schon irgendwie. Er hatte nach zehn Minuten schon abgespritzt und somit war es leicht verdientes Geld, wenn auch nicht sehr angenehm.

Er kam dreimal die Woche und ging immer wieder zu Sammy. Er erzählte oft viel von seiner Geilheit und was er doch in jungen Jahren für ein toller Hecht war. Sammy hörte zu, denn dabei musste sie nichts anderes tun. Oftmals kam er nur zum Reden. Zahlen musste er trotzdem.

Ein Netz aus Lügen

Eines Abends saß Sammy wieder auf ihrer Bank am See. Sie war abgespannt. Alles kotzte sie an. Immer der gleiche Ablauf, Tag für Tag.

Wer war sie? Eine Maschine, ein Ding, das man benutzen kann und danach in die Ecke stellt? Sollte es ewig so weitergehen?

Tja, Sammy machte sich viele Gedanken, aber sie machte noch mehr. Sie baute um sich herum ein Netz aus Lügen auf. Man fragte sie, was arbeitest du? Sie sagte, sie bediene in Bars hinter der Theke. Ihre Familie fragte, wo sie die ganze Woche sei. Sie sagte, mal da, mal dort, wo man sie eben brauchte. Sie war nur über das Handy zu erreichen und oftmals ging sie gar nicht ran, so musste sie auch keine Lügen erzählen. Sie erzählte oft Storys, frei erfunden. Denn sie konnte ja nicht sagen, dass sie Sammy war. Ihre Beziehung war nicht einfach. Ihr Freund verstand nicht, was sie da eigentlich tat. Naja, er wusste es schon, doch er wollte es nicht zu nah an sich heranlassen, denn das hätte ihn gebrochen. Wir sprachen zu Hause nicht über Sammy. Sie war nicht existent in der Beziehung. Wir konnten nicht über sie reden, über ihre Gefühle und ihre Erlebnisse. Obwohl Sammy inzwischen mehr mein Leben einnahm als ich selbst. Denn Sammy arbeitete 14 Stunden am Tag. Das Geld von Sammy war gut, aber ansonsten gab es Sammy nicht.

Neuland

Veränderungen sind immer gut in diesem Gewerbe und so ging Sammy nach Bremen in einen Club. Dort verbrachte sie fünf Tage, bevor sie wieder mit dem Zug nach Hause fuhr. Sie wohnte, schlief und arbeitete in einem Haus. Es war sehr exklusiv dort und sie bekam auch mehr Geld für die Arbeit. Es war eine richtige Nobelwohnung. Dort kamen auch nur auserlesene Gäste rein. Bei dem Preis auch kein Wunder. Aber das waren genau so Freier, wie alle anderen, auch wenn sie mehr Geld hatten. Im Grunde dachten sie, dass sie besser wären, aber sie waren oftmals genau so pervers wie andere. Na ja und viele hatten so ihr Kicks. Es waren mit Sammy nur noch fünf Frauen in der Wohnung. Jede hatte ihr eigenes Programm. Es wurde auch viel gemeinsam gemacht. Denn dafür gab es richtig Kohle. Es gab Freier die wollten gerne zwei Mädchen oder eine Lesbenshow. Was soll es, natürlich haben wir Mädels das gemacht. War um vieles angenehmer als das andere. Dann gab es einen, der kam immer und hatte eine Windel an. Echt schräg. Dem musste man dann den Hintern versohlen und ihn ausschimpfen, dabei holte er sich selbst einen runter. Dafür musste er natürlich extra zahlen. Das war etwas, was zwar irgendwie ekelig war, aber man musste nicht ficken, was auch wieder gut war. Dort lernte Sammy wirklich verrückte Freier kennen. Komisch war, dass es meist die wohlhabenden Krawattenträger waren, die solche Kicks drauf hatten. Da gab es auch einen, der kam immer nur zum Reden. Er ging mit einem Mädchen aufs Zimmer, ne Flasche Champagner dazu, und dann erzählte er einen von seinem ach so geilen Leben. Bei diesem Freier steckte sich Sammy auch das erste Mal eine Zigarette an. Ja, so fing das an mit dem Rauchen. Man hörte sich das sinnlose Gequatsche an und um nicht einzuschlafen, rauchte man eben. Echt blöd, wenn man im Nachhinein darüber nachdenkt. Aber sie konnte ja schlecht ihr Strickzeug mitnehmen. Glaubt ja nicht, das ist leicht. Es ist echt irre, was man da alles erlebt, und ich bewundere jede Frau, die das mitmacht. Es gibt so schräge Männer auf der Welt und Sammy hat nur einen kleinen Teile davon kennengelernt – aber das reichte. Ja, ich bewunderte Sammy Tag für Tag aufs Neue. Obwohl sie ein Teil von mir war, trennte sie sich noch von mir ab. Sie war so abgebrüht, trotz allem lustig und immer für einen Spaß zu haben. Sie zeigte nach außen nicht, was sie fühlte und dachte. Sie machte ihre Arbeit und damit war es getan. Man fragt sich oft im Leben, wer man eigentlich wirklich ist, aber es ist schwer, eine Antwort darauf zu bekommen. Sammy wurde hart im Nehmen, sie passte sich an. Alles war normal für sie. Sie lächelte, redete mit den Mädchen und Freiern und tat ihre Arbeit. Manchmal ging sie bis zu achtmal am Tag aufs Zimmer. Das war schon viel für Sammy. Die Rassemädchen hatten oft das Doppelte. Aber sie war damit zufrieden, auch wenn es einen schlechten Tag gab mit wenig Kundschaft. Es war Arbeit – sie wurde immer abgebrühter und gefühlloser. Sie lernte schnell die Tricks, mit denen man es sich leichter machen konnte. Bei machen Freiern war das auch nötig, ich glaube, sonst hätte man vor Ekel gekotzt. Natürlich gab es auch nette Kunden. Ehrlich gesagt, gab es viele davon. Es waren einfach Männer, die die schnelle Lust suchten. Einfach nur Sex und oftmals auch einfach nur ein Gespräch. Sammy war sowieso bei allen die Schulter, an der sie sich ausweinten. Das fing bei den Mädchen an und endete bei den Männern. Sie war geschickt und oftmals kam sie ums Ficken herum, weil sie einfach zuhörte und die Freier ihre Zeit verquatschten. So konnte es weitergehen, aber es kam anders.

Ortswechsel

Man will auch in diesem Gewerbe weiterkommen und schaut immer nach neuen Clubs und Bars, wo man arbeiten könnte. So kam Sammy in die nächste Stadt, in den nächsten Club, dort lernte sie andere Mädchen kennen, neue Freier, neue Eindrücke. Eigentlich war es überall der gleiche Ablauf in den Saunaclubs, denn an diese hielt sie sich, weil alles hier überprüft hygienisch zuging. In dem Club, in dem sie nun gelandet war, war das Publikum sehr gemischt. Vom Fernfahrer bis hin zum Bankier war alles vertreten … und der Friseur. Tja, mit dem Friseur war das so eine Sache. Eines Tages war er da – er war in die 50 und sah aus wie der Durchschnittsmann. Er fühlte sich wichtig, und kam meist schon, wenn man nur seinen Schwanz in die Hand nahm. Das war natürlich cool, aber er wollte seine halbe Stunde eben ganz haben und redete und redete. Er wollte die Huren bekehren. So auch Sammy. Er brachte jede Woche Geschenke mit – Kleinigkeiten aus seinen Salon. Er zahlte immer für zwei Stunden. Das war leicht verdientes Geld – dachte man jedenfalls. Für Sammy waren es Horrorstunden. Lieber hätte sie sich von einem Perversling durchficken lassen, als sich dieses Gequatsche anzuhören. Er war auch der Grund, dass sie den Club ein weiteres Mal wechselte. Denn es wurde ihr zu extrem. Und da ist es immer besser zu gehen.

Die Zeit vergeht

Es war mittlerweile schon über ein Jahr vergangen. Wo war nur die Zeit geblieben? Sammy war kaum zuhause, immer unterwegs. Ich selbst existierte schon fast nicht mehr. Sammy trat in den Vordergrund. Denn ich war öfters Sammy als ich selbst. Sammy lebte und um mich baute ich eine Mauer auf, die höher und dicker wurde mit jedem Tag, den Sammy verbrachte. Zuhause ging meine Welt kaputt. Immer öfter stellte ich fest, wenn Sammy nach Hause kam, war ein Teil von mir verschwunden. Es fing klein an, erst wanderten meine Bücher in den Keller, dann meine Erinnerungen. So wie die Mauer immer höher wurde – wanderten meine Sachen, die mich noch an mich erinnerten, die mich verkörperten in den Keller. Es gab auf einmal nur noch Sammy und ich merkte es nicht einmal.

Und so ging Sammy wieder auf Tour. Oft fragte ich mich, ob ich Sammy hassen sollte. Aber, nein, ich hasste sie in keinen Augenblick. Denn das hätte bedeutet, dass ich mich selbst hassen würde, und das konnte ich nicht. Denn ich hatte Sammy in mein Leben gerufen. Sie war ein Teil von mir und wenn wir fielen – fielen wir gemeinsam.

Es hatte alles so leicht angefangen. Man sagt sich, ein Jahr, dann geh ich wieder raus. Aber so läuft das nicht. Man kann gar nicht einfach so wieder aufhören. Man lebt plötzlich ein ganz anderes Leben. Gibt Geld für Dinge aus, die gar nicht nötig sind. Klar, wir haben auch viel auf Partys ausgegeben, aber man braucht auch viel zum Zug fahren, Taxis, Kosmetik, Sonnenstudio etc. Es gab Monate, da gab man schon allein für Eisenbahn fahren und Taxi fahren bis zu damalig 700 DM aus. Irre, wenn man darüber nachdenkt. Dann bestellt man sich in den meisten Clubs was zu essen. Die wenigsten hatten Buffet oder so. Das ging auch ins Geld, aber man musste ja essen. Man machte sich auch keine Gedanken darüber.

Das Problem bei Sammy war auch, das sie immer weiter weg musste zum Arbeiten. Sie konnte nicht in ihrer Stadt arbeiten gehen. Denn man durfte nicht erfahren, was sie machte. Das wäre zu gefährlich gewesen, erkannt zu werden. Also fuhr sie immer weite Strecken und blieb gleich einige Tage vor Ort. Das kostete natürlich extra Geld.

Die Nacht

Die Nächte gingen dahin. Irgendwann sieht man nicht mehr den Tag. Denn in diesem Gewerbe spielt sich der Hauptteil in der Nacht ab. Sie arbeitete oftmals von Mittag um 13.00 Uhr bis morgens um 4.00 Uhr beziehungsweise bis 6.00 Uhr. Dann wurde ein paar Stunden geschlafen und weiter ging‘s.

Wenn sie sagen würde, sie hätte nie Drogen genommen, würde sie lügen. Klar, bei den Arbeitszeiten, war es doch normal, dass man mal was genommen hat. Sammy hat es in Grenzen gehalten. Ab und zu mal so zum Spaß. Sie empfand nichts dabei, wie manch andere. Es war einfach kein Kick bei ihr. So gab sie es auch nach einiger Zeit wieder auf und rauchte eben Zigaretten. Sie als totaler Gegner der Zigaretten rauchte also. Das war schon komisch. Aber die Zeiten ändern sich, und ehrlich gesagt war es ihr auch egal. Sie verfiel nicht dem Alkohol und auch nicht den Drogen. Das wäre weitaus schlimmer gewesen.

Sammy beherrschte ihr Leben, sie war unser Leben. Sie war wieder in einem neuen Club. Dort war es eigentlich nicht schlecht. Die Thekenkraft war nicht gerade zuverlässig und so ergab es sich, dass Sammy zwischendurch immer wieder an der Theke arbeitete. Natürlich war das etwas ganz anderes. Aber es war auch gut und Geld gab es auch, zwar nicht so viel, aber es war immer noch genug. Nach einiger Zeit und einigen Heimfahrten beschloss Sammy, zu versuchen als Thekenkraft zu arbeiten.

Es ging weiter, aber anders ...

Man kann sich immer verbessern. Selbst in diesem Gewerbe. So kam Sammy über Beziehungen als Thekenkraft in einen neuen Club.

Es war ein großes Haus, eine Villa. Und es war schon sehr gehoben, denn es konnte nicht jeder da rein. Die Preise fingen auch sehr hoch an.

Es gab an die 30 Mädchen. Alle Nationalitäten. Das Gute war, das Sammy als Thekenkraft neu anfing und keiner wusste erst einmal, dass sie selber anschaffen gegangen war. Das hatte natürlich auch etwas für sich. Sammys Arbeitstag begann um 11.00 Uhr. Erst Theke herrichten, schauen, ob alles O.K. ist, die Mädchen wecken, Kaffee kochen. Um 13.00 Uhr wurde geöffnet. Wenn es klingelte, ließen die Mädchen immer zu zweit die Gäste rein. Dann kamen sie zu Sammy und brachten ihr das Eintrittsgeld, das sie dann notierte und wegpackte. In diesem Haus war auch alles kameraüberwacht und sie hatten sogar „Bodyguards", die immer da waren und auch aufpassten, dass keine falsche Gäste kamen. Die meiste Zeit war Sammy hinten neben der Theke in einem extra Raum. Sie verwaltete die Karten der Mädchen und der Gäste. Eigentlich machten die Mädchen die meiste Zeit die Getränke alleine. Sammy schaute nur ab und zu nach dem Rechten, hatte auch für einige immer ein gutes Wort übrig und regelte den Ablauf hinter den Kulissen. Es spielte sich schnell ein und bald war sie so etwas wie eine „Puffmutter“. Die Mädels kamen mit ihren Problemen zu ihr, oftmals auch einfach nur, um zu reden. Sie erzählten ihr von ihrem Leben neben dem Anschaffen. Sammy war eine gute Zuhörerin und es war bald die Regel, dass man mit Sorgen und Gesprächen immer zu Sammy gehen konnte.

Sammy verstand die Mädchen sehr gut. Sie kannte ja auch deren Seite aus eigenen Erfahrungen. Komischerweise machte es ihr Spaß, diese Arbeit zu machen. Sie fuhr meist nur kurz nach Hause und war dann schnell wieder da. Sammy konnte endlich so sein, wie sie wirklich war. Sie achtete und respektierte die Mädchen und sie respektierten sie. Sie kamen gut klar, hatten viel Spaß und auch wenn es noch so stressig war, war es eine schöne Zeit. Komisch, auf einmal hatte sich das Blatt gewendet.

Wisst ihr, es wird immer negativ von diesem Gewerbe geredet. Warum eigentlich? Die Frauen sind tausendmal ehrlicher als andere. Sie sagen, was sie denken, sie stehen zu dem, was sie tun. Sie lernte viel von ihnen. Hatte man erst mal deren Vertrauen gewonnen, dann waren sie echte Freundinnen, die einen wirklich nicht im Stich lassen würden. Sie hielten zusammen, auch wenn es ab und zu einen Konkurrenzkampf gab. Wenn es hart auf hart kam, waren sie immer füreinander da. Sie waren Menschen wie du und ich. Nur dass sie eben diesen Beruf ausübten. Davon abgesehen kann jeder froh sein, dass es sie gibt. Denn es sind schon wirklich verrückte Typen, die da auftauchen. Oftmals dachte Sammy sich, wie krank können Männer nur sein. Aber dann denkt man sich wieder, gut dass sie hierher kommen und nicht draußen ihren Gelüsten freien Lauf lassen. Man hört immer viel von Kinderschändern und Vergewaltigern usw. Aber glaubt mir, diese Zahl wäre um ein Vielfaches höher, wenn es diese Frauen nicht gäbe. Und ihnen gebührt eigentlich ein hohes Maß an Respekt, dass sie einen großen Teil dieser kranken Männer abfangen. Das Wissen, was Sammy in sich herumträgt seit dieser Zeit, glaubt mir, das wollt ihr gar nicht alles teilen. Es ist stellenweise sehr hart und regelrecht pervers, aber auch bewundernswert. Klar weiß ich, dass ihr jetzt neugierig seid, ich wäre es an eurer Stelle auch. Das ist das Wesen der Menschen. Deshalb will ich euch nicht alles vorenthalten. Ganz am Anfang hab ich euch schon mal von schrägen Typen erzählt, aber das sind noch harmlose gewesen. Die wirklich verrückten Typen sind die mit den Kicks. Da gab es den, der nur auf Kinder konnte und den das Mädchen während der Nummer Papi nennen musste. Das waren auch jene, die am schlimmsten angesehen wurden. Aber auch wenn der normale Mensch jetzt sagen würde, das macht man doch nicht mit, dann fördert man das doch noch. Nein, so ist es nicht. Denn wenn man sie wegschicken würde, was würde dann wohl geschehen … sie würden sich die wirklichen unschuldigen Kinder nehmen. Also spielte man deren Spiel mit und rettete so vielleicht wieder ein unschuldiges Wesen. Es mag nur ein kleiner Teil sein – aber lieber eines gerettet als alle verloren. Den Behörden melden, sagt ihr bestimmt jetzt. Nein – da besteht kein Interesse von deren Seite aus. Unser Staat lässt diese veranlagten Menschen immer wieder als geheilt frei. Jeder kennt die Mediengeschichten. Aber geheilt ist keiner von ihnen. Meiner Meinung nach liegt es im Menschen und geht nicht durch Therapiesitzungen raus. Die wirklichen Psychologen sind diese Mädchen, die dafür geradestehen, die es voll abbekommen und die sich für solche Betroffene opfern. Leider wird das nie gesehen.

Dann haben wir noch die Frau, die eine riesige Szene macht, weil ihr Mann in den Puff geht. Warum eigentlich? Wie ich schon mal erwähnte, gibt es keine sauberere Art, fremdzugehen. Und vor allen unverbindlichere und stressfreiere. Ohne Verpflichtungen von beiden Seiten aus. Davon abgesehen holt sich der Mann nur das, was er zuhause nicht bekommt. Auch er hat Fantasien und ich muss leider immer wieder feststellen, das manchen Frauen wirklich stupide und einfallslos sind.

Sex und Liebe

Es wird nicht zusammen geredet, gerade das Thema Sex ist noch immer ein Tabuthema. Tja, lacht mal, im 21.Jahrhundert redet alles über Sex, aber keiner versteht ihn. Sex heißt für viele, miteinander Geschlechtsverkehr haben. Also man zieht sich aus, macht die Pflichtnummer und fertig ist die ganze Sache. Alles ist geil und man sagt gegenseitig zueinander: „Ich liebe dich." Toll – echt supi und das war's dann. Sammy kann euch da ganz was anderes erzählen.

Was ist Liebe? Diese Frage werde ich euch nicht beantworten, denn es gibt viele Antworten darauf. Liebe kann alles sein. Auch Sex kann ein Teil der Liebe sein. Na ja, er gehört in einem bestimmten Stadium irgendwie dazu.

Aber das, was bei diesen Mädchen abläuft, hat nichts mit Liebe zu tun. Das ist pure Befriedigung, Geilheit und Sex. Die Frau, die denkt, ihr Mann holt sich dort Liebe, liegt völlig falsch. Es geht um Befriedigung, um Sexpraktiken, darum, Fantasien auszuleben. Wie oft hörte ich von den Männern, dass die Frauen verschiedene Dinge als pervers ansehen. Das fängt schon beim einfachen Oralsex an. Und wenn man dann noch Anal oder Fesselspiele erwähnt, ist es nur noch abstoßend. Ehrlich gesagt, eine traurige Sache. Da wird am Stammtisch in der Kneipe aufgetrumpft und angegeben, was für ein toller Hecht man doch ist. Die Frauen sind auch nicht besser und erzählen nur zu gern von ihrem ach so tollen Sexleben. Und wenn man hinter die Kulissen schaut, sind es nur die Phantasien, die sie aber gar nicht ausleben, denn sie sind zu feige, sie wirklich in die Tat umzusetzen. Diejenigen, die sie wirklich praktizieren, werden nie offen darüber reden, denn der Genießer schweigt. Glaubt mir, jeder zweite Mann möchte eine rasierte Muschi haben. Aber nur ca. jeder zwanzigste Mann sagt es seiner Frau und nur ca. jeder fünfzigste Mann bekommt sie vielleicht auch. Denn eine rasierte Muschi bedeutet für viele auch, eine kindliche Muschi und das ist wieder die negative Seite an der ganzen Sache. Dabei ist es eigentlich nur als hygienischer anzusehen. Genauso ist es beim Mann. Er rasiert sich aus hygienischen Gründen oftmals. Aber es wird solange gesucht, bis man etwas Negatives daran findet. Das ist eine so verkorkste Welt, dass sie schon wieder normal erscheint. Echt irre und verrückt, das ganze Leben.

Das Ende – oder der Anfang ...

Es verging wieder ein Jahr und Sammy wunderte sich, wie schnell doch die Zeit verging. Es war normal geworden, dass sie reiste, arbeitete und ab und zu mal nach Hause kam. Unser Zuhause war weiterhin eine Lüge. Ja, das hatte sich gedreht. Wir waren ein Wir geworden, zusammen verschmolzen zu einer Kraft. Zuhause mussten wir immer lügen, bei dem, was wir wirklich taten und wo wir waren. Aber meine Beziehung lief gut.

Dann kam der Tag im Sommer 2000. Wieder einmal war Sammy im Club, als der Anruf kam. Sammy ging ans Telefon, ohne darauf vorbereitet zu sein. Ihr Vater war gestorben. Wisst ihr – es waren viele da, die Sammy in diesem Augenblick in die Arme nahmen und trösteten. Es war wirklich rührend, wie man sich ihrer annahm. Aber es fehlte etwas. Sie konnte nicht mal schnell bei ihrer Familie sein. Wir saßen beide da und fühlten uns hilflos und alleine. Nicht mal ihr Partner konnte für sie da sein. Wir waren einfach zu weit weg. In diesem Augenblick wusste ich, dass Sammy, wenn sie jetzt den Club verließ, nie mehr zurückkommen würde. Die Mädchen wussten es genau so gut wie ich. Ihre Entscheidung, auszusteigen kam mit dem Tod ihres Vaters. Sammy wusste, dass es an der Zeit war. Also packte sie all ihre Sachen und sagte Ade statt auf Wiedersehen.

Auch diesmal war die Zukunft ungewiss, aber ich wusste, dass sie es schaffen würde. Ein neuer Lebensabschnitt begann.

Ich sagte Sammy Lebwohl und stieg in ein neues Leben ein. Ja, Sammy und ich sind eine Person und sie lebt ewig in mir weiter.

An dieser Stelle möchte ich euch einen kleinen Einblick in Zeilen gewähren, die ich während meiner Zeit als Prostituierte in ein Büchlein schrieb. (Originaltext)

… Ich stehe zu dem, was ich tue. Ich habe es selbst entschieden. Keiner hat mich dazu gezwungen. Ich alleine habe es entschieden. Es ist so einfach, sich das einzureden, und trotz allem lebe ich mit der Angst, erkannt zu werden. Angst, die mir keiner nehmen kann. Ich stelle meinen Körper zur Schau, lasse mich anfassen und benutzen für ein besseres Leben. Um mir einen Traum zu erfüllen. Etwas zu haben, wovon andere nur träumen. Doch der Preis ist sehr hoch, den ich zahle. Ich hoffe so sehr, dass Bomber es schafft, neben mir zu gehen. Dass er mich nicht fallen lässt für das, was ich mache. Was mache ich eigentlich?, frage ich mich. Es ist ekelhaft und erniedrigend. Doch ich tue es immer wieder, weil ich das Geld brauche, für mein Leben, ein besseres Leben. Ich möchte nicht auf der Straße landen. Das könnte ich meiner Familie nicht antun. Was für eine Schmach wäre das für sie? Hoffentlich wächst es mir nicht über den Kopf. Ich lass mich immer wieder benutzen und es kotzt mich an. Ich zähle Punkte an der Decke. Denke darüber nach, was ich nachher essen möchte, und hoffe, dass es schnell vorbei geht. Ich war in einem Supermarkt. Ein Mann rempelte mich an. Ich bekam totale Panik und rannte weg, aus Angst, es könnte einer der Freier sein. Total daneben, doch ich leide schon langsam an Verfolgungs-

wahn. Es ist nicht alles Gold, was glänzt. Ungepflegte Männer, obwohl dass sie duschen, stinken sie für mich. Mein Mantra: Denk ans Geld. Denk ans Geld. Denk ans Geld. – Verdammt, der Preis ist zu hoch. Ich liege in meinem eigenen Bett, habe ein paar Tage frei. Ich wache schreiend auf. Hände auf mir, dreckig, ekelhaft, stinkend. Ich fühle mich schmutzig, sehe Fesseln, die mich halten und doch nicht da sind. Bomber nimmt mich in den Arm, flüstert mir zu: „Hör damit auf." Ich spüre sein nasses Gesicht an meinen Hals. Er leidet. Wortlos reicht er mir sein Messer. Ich nehme es und lege es neben mir auf das Kopfkissen. Nein, ich bin stark. Es war mein Entschluss und ich werde es schaffen. Aufgeben ist keine Option für mich. Ich kämpfe um mein Leben, für unser Leben. Es wird mich nicht umbringen, also weiter gehen. Ich lasse mich nicht besiegen. Ich werde immer alles auf ein Ziel setzen. Augen zu und durch. Entschluss gefasst und machen. Einmal im Leben möchte ich etwas machen und zu Ende bringen, wenn auch nicht für mich, dann für den Menschen, der mir mein Leben wieder lebenswert macht. Naja, kotzen tut mir auch gut – dann nehme ich wenigstens ab.

An dieser Stelle des Buches hat Bomber damals etwas darunter geschrieben. Ich hatte das Tagebuch zuhause vergessen, als ich wieder in den

Club gefahren bin, und er schlug es auf und las darin.

Mein Schatz, höre auf damit. Wir werden schon eine andere Möglichkeit finden. Ich will nicht, dass du kaputt gehst. Ich verachte mich, dass ich dich so leiden lasse. Regine ich liebe dich.

Nein – er war es nicht, der mich leiden ließ. Das war ich selbst. Denn es war meine Entscheidung, es zu tun.

Wisst ihr, ich stand oft vor dem Spiegel und sah mich an und ich fand mich. Wenn der Tag da gewesen wäre, wo ich mich selbst nicht mehr gesehen hätte, dann wäre ich kaputt gegangen. Doch solange ich mir noch in die Augen schauen konnte, wusste ich, dass ich es schaffe.

Es gab zu dieser Zeit schon drei Persönlichkeiten von mir. Sammy, die Hure, die funktionierte und die Zähne zusammenbiss, Regine, die Motorrad fahrende Rockerbraut und Partymaus, und mich, meine innere Seele. Diese war voller Ängste, Gefühle, Lügen und Zwiespalt. Jedoch wohnte darin auch die Träumerin, der kleine Vogel mit dem Drang nach Freiheit, immer voller Elan und Hoffnung im Kampf um das Leben und trotz zahlreicher Narben immer noch aufrecht stehend im Sturm.

Mauern verbergen

Ich habe diese Jahre immer unter Verschluss halten müssen, denn wer würde es verstehen? Es steckte hinter einer großen Mauer verborgen, um die Menschen um mich herum zu schützen. Doch einer Person vertraute ich es an, es war meine Mutter, denn sie war und ist immer noch meine beste Freundin. Es war sehr wichtig, diesen Schritt zu tun, es erleichterte mein Gewissen – nicht allein zu sein mit dem Geheimnis meines Lebens. Man kann Geschehenes nicht rückgängig machen, man muss es akzeptieren – es ist das wahre Leben. Eine Lebensstraße voller Steine und Hindernisse – ich habe einige überwunden, durch Kampf und ohne aufzugeben. Ich hatte den Mut weiterzugehen, ohne zu sehen, was vor mir lag. Doch ich bin immer ich geblieben – egal, was ich getan habe oder noch tun werde. Sammys Geschichte ist meine Geschichte und Sammy bin ich und ich bereue heute keine Minute davon. Es war eine harte, jedoch auch lehrreiche Zeit und ich stehe hier und denke zurück und was zeigt uns das? Dass es immer einen Ausweg gibt. Egal was das Leben für Schattenseiten bringt, man kann alles schaffen.

Sammy gibt es immer noch, tief in mir verborgen – sie ist und bleibt ein Teil von mir.

Verurteilt mich …

An dieser Stelle werden wohl einige von euch Lesern, die mich kennen, das Kapitel Regine schließen. Doch wenn es so ist, dann seid ihr es nicht wert, neben mir zu gehen. Denn auch Erfahrungen und Erlebnisse, die dunkel sind, gehören zu dem Menschen, den jeder von uns kennt. Mein Inneres ist kein Museum, sondern ein Ort, wo geliebt, gelitten, gelebt und gekämpft wurde, und da liegt halt auch mal Dreck rum. Jeder trägt Geheimnisse in sich, verborgene Gedanken und Dinge, die er nicht offenbaren will. Ich habe mich entschlossen, mein Leben vor euch allen auszubreiten, also habe ich mich auch dazu entschlossen, es zu akzeptieren, wenn ihr euch von mir abwendet. Ich werde keinen aufhalten, doch auch dies alles, was ich euch bis hierhin erzählt habe, ist ein Teil von mir und entweder nehmt ihr mich ganz oder gar nicht.

Es geht auch gar nicht darum, dass ihr nun sagt oder denkt: „Oh wie schlimm“ oder „du Arme.“

Nein, ich brauche kein Mitleid. Ihr könnt mich alles zu dieser Zeit fragen, wenn ihr Fragen habt. Hinterfragt es ruhig, ich werde euch ehrlich antworten. Ich habe nichts mehr zu verbergen. Denn eines ist gewiss: Ich stehe heute noch hier und lache und darauf bin ich verdammt stolz. Ich habe nie aufgegeben, sondern weitergekämpft.

Eine Frage ...

Eine Frage kommt jetzt natürlich bestimmt auf und es ist eine Frage, die ich mir selbst oft gestellt habe und auf die ich auch mittlerweile eine Antwort habe. Es ist die Frage: Wie konnte ich, nach der Vergewaltigung in meiner Vergangenheit, als Hure arbeiten? Diese Frage kreiste lange in meinen Kopf und glaube mir, bei manchen Situationen kam es schon hoch. Am schlimmsten waren die Träume. Doch ich hatte hier die Macht und die ließ ich mir nie nehmen. Ich war knallhart und nennen wir es auf eine softe Art dominant gegenüber den normalen Sexpraktiken. Wenn mir mein Kopf während der Arbeit in die Quere kam, schaltete ich ab und zog schnell meine Mauer hoch. Hatte ich Bedenken, ein ungutes Gefühl, sagte ich Nein, denn das konnte ich. Ich war eine freie Prostituierte und ansonsten stellte ich immer direkt klar, was Sache war. Ich hatte eine harte Seite in mir und ich lernte in dieser Zeit, auch einige Griffe, um mich zu wehren. Nie mehr, schwor ich mir damals, legt einer Hand an mich oder zwingt mir seinen Willen auf. Nur mit dieser Härte in mir konnte ich diese Zeit unbeschadet überleben. Es war Arbeit, mehr nicht, und eine nicht gerade leichte Arbeit. Als etwas anderes sah ich es nicht.

Jetzt fragt ihr sicher, wie es mit Bomber weiterging. Wir waren beide froh, als diese Zeit zu Ende war. So stand sie doch immer zwischen uns. Geredet haben wir nie darüber. Warum? Er konnte damit nicht umgehen, denn er wusste nur zu gut, wie das Leben, das ich führte, von innen aussah, denn er war Biker und das sagte viel über sein Wissen in dieser Beziehung aus, und ich? Ich wollte ihn nicht verletzen, denn ich wusste, dass er ein sehr schlechtes Gewissen mir gegenüber hatte, weil ich es für uns und unser Leben tat. Er litt schon durch das Wissen darüber genug.

Ich fand einen Job und ging wieder einer geregelten Arbeitszeit nach. Wir fuhren Motorrad, schlossen uns einem Harley-Davidson-Chapter an und feierten und lebten. Die vergangenen drei Jahre verschlossen wir zusammen hinter einer großen Mauer. Ja, das konnte ich – Mauern bauen. Große, dicke, starke, beständige Steinmauern.

Doch genau jetzt, stehe ich an einem Scheidepunkt in meinem Leben, in dem ich alle Mauern einreiße. Warum ich es gerade jetzt gemacht habe, lest ihr am Ende. Doch es passierte noch viel mehr, bis der jetzt Moment kam.

Andere Felsen wegräumen

Zu dieser Zeit erfuhr ich auch näheres von Bomber. Er erzählte mir immer häufiger von seiner Zeit im MC, den Höhen und Tiefen. Wir fuhren auf viele Motorradtreffen. Jedes Wochenende waren wir unterwegs. Mittlerweile waren fünf Jahre vergangen und ich fragte ihn, ob es nicht Zeit wäre, dass er seine Frau wechselte. Doch daraufhin sagte er nur: „Ich habe dich geschenkt bekommen und ein Geschenk gibt man nicht wieder her." Er war schon ein komischer Kauz.

Wir vereinbarten uns jedoch sehr, denn gerade diese Gegensätze, die uns ausmachten, zogen uns auch wieder an. Ich, die Liebe, Nette, Positive und im Inneren verkorkste, und er, der chaotische, harte, total negative Mensch. Keiner konnte verstehen, was uns beide zusammenhielt. Immer wieder bekam ich gesagt, geh von ihm weg. Er behandelt dich schlecht. Doch, nein, er hat mich nie schlecht behandelt. Er war eben so und stellenweise war es auch ein Spiel für uns. Doch dazu später mehr.

Wir kauften uns einen LT-Bus, Baujahr 71, und wir fuhren fortan mit ihm unsere Touren. Er mit der Harley, ich mit dem Bus. Wir waren überall unterwegs. Es war eine megaschöne Zeit. Wir haben so viel gelacht und Spaß gehabt. Menschen kamen und gingen in dieser Zeit – doch wir beide blieben zusammen. Wir waren voneinander abhängig, anders kann ich es nicht sagen. Er kannte mich wie kein anderer. Wir lebten eine Sexualität, die für andere ein Wunschtraum war. Ja – in dieser Beziehung standen wir mitten im Leben. Egal, wo und wie, wir vertrauten einander und so konnten wir alles ausprobieren. Vom Blümchensex über Bondage, leichtes BDSM und vieles mehr, es war alles dabei, solange es uns beiden Spaß machte. Auch einen weiteren Partner oder eine Partnerin dazuzuholen und gemeinsam Spaß zu haben, war möglich. Wir hatten fünf Monate lang eine feste Spielgefährtin und auch besuchten wir Swingerclubs und als ich einmal anregte, dass ich es gerne mit zwei Männern ausprobieren wollte, machten wir auch dies möglich. Ich war wissenshungrig in dieser Beziehung. Er dominierte mich, so wie ich es brauchte, doch er ließ mir immer diesen kleinen Ausweg, der für mich lebenswichtig war. Mit Bomber hatte ich meinen Meister gefunden. Er nährte die dunkle Seite in mir und liebte meine nette, liebe Seite. Er verstand, dass beide Seiten mich ganz werden ließen. Waren die Versuchungen durch die Vorkommnisse in meiner Vergangenheit entstanden? Eigentlich müsste man meinen, dass gerade diese Erlebnisse mich von solchen Arten des Sexuallebens Abstand halten ließen, doch genau das Gegenteil war der Fall. Ich lebte es förmlich aus. Ich brauchte es, um ganz zu sein. Es zu praktizieren, mit einem Menschen, dem ich ganz und gar vertraute und der mich beschützte, nahm mir das Gefühl der Hilflosigkeit und gab mir Stärke. Ich liebte die körperliche Beziehung, hatte starke körperliche Bedürfnisse. Ja, ich brauchte es etwas härter, auf Blümchensex stand ich nicht und dem konnte ich nichts abgewinnen. Ich brauchte einen Mann mit Dominanz, der mir jedoch die Peitsche in die Hand gab. Genau so ein Mann war Bomber. Er verstand mich und nahm mich so, wie ich war. Im Inneren kaputt und im äußeren ein Herzensmensch. Doch beides zusammen war ich und er wusste das. Es war nicht immer leicht mit uns beiden. Bomber war auch sehr cholerisch und konnte seine Gefühle nicht zeigen. Er war Heimkind, von den Eltern abgeschoben, und hat nie die Liebe erfahren, die in meinen Leben immer gegenwärtig war. So gab ich ihm dieses Gefühl und er gab mir dafür das, was ich brauchte. Ich machte alles für ihn. Ja – heute kann ich sagen, ich war ihm hörig, jedoch auch mit einem Eigenanteil, denn ich ließ es zu.

MC-Leben

Mittlerweile hatten wir uns umgeschuldet und unsere Finanzen im Griff. Naja, wir hatten einen großen Berg Schulden, doch wir hatten trotz allem alles, was das Herz begehrte. Bomber war nie zufrieden, das lag in seiner Natur. Ich dagegen war wie immer bescheiden. Ich gab gerne und brauchte selbst nichts. Wir waren in jeder Beziehung Yin und Yang. Immer öfters redete er von seiner früheren Zeit im MC und so machte ich mich auf und ging einen Schritt, den ich heute noch als lebensmüde betrachte. Sein Herz zeigte mir an, dass es ihn sehr beschäftigte, und so sprach ich – als Frau – den damaligen Präsidenten seines alten MCs an, ob es eine Möglichkeit gebe, ihn wieder aufzunehmen. Sagt es nicht ... Ja, voll doof, daneben, verrückt … Doch so war ich. Immer mit dem Kopf voran. Entschluss gefasst und machen. Ich glaube, so etwas hatte es auch noch nie in einem MC gegeben, dass eine Frau ankam und um die Mitgliedschaft ihres Mannes bat. Doch ich wusste, Bomber konnte nicht über seinen Schatten springen, also machte ich es für ihn.

Fragt nicht nach Sonnenschein, was bei uns in der Bude los war, als ich es ihm erzählte. Da flogen ganze Schüsseln durch die Gegend, nicht nur das Obst darin. Er hielt mich für lebensmüde, verrückt, irre und im nächsten Augenblick nahm er mich in den Arm und seine Augen tropften. Ich werde diesen Tag nie vergessen. Denn ich war es, die ihm anstatt das einzelne Obst die ganze Schüssel an den Kopf geworfen hatte. Naja – war ein Versehen meinerseits gewesen. Seinen Gesichtsausdruck werde ich auch nie vergessen.

Solche Momente gab es viele in unserem Leben. Ja, wir konnten streiten und es flog schon mal was, doch am Ende lachten wir immer und jeden Abend gingen wir erst ins Bett, wenn wieder alles gut war. Es war wirklich eine chaotische Beziehung, doch es war eine echte.

An dieser Stelle muss ich erwähnen, dass ich mich selbst verloren hatte, ohne es zu merken. Denn mein Leben drehte sich nur noch um Bomber. Seine Wünsche waren vorrangig. Sagen wir so, ich hatte keine eigenen Wünsche mehr. Ich merkte nicht, dass ich mich selbst in den Hintergrund schob. Heute denke ich etwas anders darüber, doch damals war es normal, wie ich handelte und was ich gab. Ich gab viel und noch mehr. Doch ich erhielt auch etwas und das war Sicherheit und das Gefühl, wirklich geliebt zu werden, mit meinen ganzen verkorksten Inneren. Denn das tat er. Daran hatte ich nie Zweifel.

Natürlich hatte ich es geschafft, dass er wieder in die MC-Kreise einstieg. Eine andere Option gab es nicht. Doch dies veränderte unser Leben um einiges und das war nicht immer positiv.

Anders …

Den Einstieg in seine alte Welt machte er über den Supporter Club. Es war seine Entscheidung, weil er noch unsicher war, ob er es schaffen könnte. Ja, auch hier war er voll negativ eingestellt. Dazu muss man sagen, er kannte das MC-Leben aus den 70er Jahren und da ging es sehr extrem zu. Wir hatten so viele Gespräche miteinander, wo er mir einbläute, wie ich mich verhalten muss und was ich nie machen darf, wenn ich auf diesen Schlag Menschen traf, dass mir oft der Kopf schwirrte. Für mich war wie immer alles easy, so war ich eben. Was konnte schon Schlimmes passieren, was ich nicht schon erlebt hatte? Ich wusste, dass Prostitution, Drogen und Alkohol eine große Rolle spielten in diesen Kreisen und Schlägereien an der Tagesordnung waren. Ich kannte diese Männer aus Erzählungen der Mädchen in den Clubs. Ich kannte den einen und anderen Zuhälter. Also, was sollte mich, die alles schon gesehen und erlebt hatte, noch schockieren? Doch Bomber wollte mich nur schützen, er hatte Angst um mich, panische Angst, und er zeigte es mir, indem er mir immer und immer wieder antrug, was ich nicht machen darf. Schau keinem direkt in die Augen. Gib keinem die Hand. Rede nicht mit ihnen, nur wenn sie dich ansprechen. Bleib immer in meiner Nähe … bla, bla, bla.

Tja, der Tag kam, als ich das erste Mal mit auf eine Feier ging. Kaum hatten wir den Platz betreten, kam einer dieser extrem großen tätowierten Typen auf mich zu und reichte mir die Hand. Ich hatte meine Hände wohlweislich hinter dem Rücken gefaltet. Ich stand also da und starrte die Hand an. Was sollte ich tun? Tja, ich bin, wie ich bin, so nahm es seinen Lauf. Meine Hand streckte sich hinter dem Rücken hervor und ergriff feste die Hand des Gegners. Ich wurde an eine stahlharte Brust gezogen und glaubte, mein letztes Stündchen hätte geschlagen, als ich das Lachen hörte und den Satz: „Na Bomber, was hast du der Kleinen über uns böse Jungs erzählt?“

Ich fing an zu lächeln und lachte mit. Der Typ war mir auf Anhieb sympathisch. Ich hatte das Gefühl, dass er mich genauso beschützen würde wie Bomber. Komisch, doch ich fühlte mich sicher und geborgen unter all dem Testosteron. Es dauerte nicht lange und ich fand mich im Gespräch mit anderen wieder. Die Frauen dagegen waren eine andere Baustelle. Sie beäugten mich kritisch und mit Hass in den Augen. Doch ihren Blicken wich ich nicht aus, ich sah sie direkt an. Es waren Bitches für mich, Schlampen, wertlos. Bomber warf ihnen Blicke zu, die sagten lasst die Finger von meiner Frau. Ja, so war er, immer der Beschützer. Sein Reginchen war sein ein und alles und dieses Reginchen war ich. Er konnte verdammt bissig werden, wenn man mir krumm kam. Die „bösen Jungs“ dagegen respektierten mich als Bombers Frau. Die Frau, die es gewagt hatte, ihren Mann wieder in ihre Reihen zu bringen. Unser Leben änderte sich mit dem Wiedereintritt in die MC-Schiene.

Eine Mauer hat zwei Seiten

Eigentlich wollte ich nie wieder heiraten. Doch irgendwie stand eines Tages ein Termin fest. Für Bomber ging es darum, dass er mich absichern wollte. Er wollte, dass ich Anspruch auf seine Rente hatte. Das war ihm verdammt wichtig. Er sagte immer: „Du hast so viel für mich getan. Das ist das einzige, was ich für dich tun kann.“

Unsere Hochzeit war gigantisch. Wir heirateten in meiner Heimat. Am Tag davor hatte er Geburtstag und viele seiner Kumpels kamen mit und es wurde von seinem Geburtstag in unsere Hochzeit rein und wieder raus gefeiert. In der Wirtschaft meiner Mama wurde der Saal geschmückt und viele Freunde der vergangenen Jahre erschienen. Ich trug ein schwarzes Kleid, denn ich hatte mir fest vorgenommen, wenn es noch einmal passieren sollte, in schwarz zu heiraten wie meine Oma vor Jahrzehnten. Es war ein heißer Sommertag und, glaubt mir, mir lief das Wasser den Rücken runter. Mit der Harley fuhren wir zum Standesamt. Nie vergessen werde ich den Augenblick, als wir losfahren wollten und ich gar nicht überlegt hatte, wie ich mit dem langen Kleid auf die E-Glide komme. Ich sage euch nur, es war wirklich nicht so leicht. Ein weiteres Highlight war, als wir nach der Trauung aus dem Standesamt kamen und am Fuße der Treppe alle Member des Supporter MC ihre Kutten auf den Boden gelegt hatten und wir darüber gelaufen sind. Ich wusste, dass dies etwas Besonderes war und sogar meinem frisch angetrauten Ehemann standen die Tränen in den Augen. So ein Respekt uns beiden gegenüber war schon bewegend. Die anschließende Feier war gigantisch und von viel Spaß durchzogen. Naja, es wurden über 30 Flaschen Jack Daniels getrunken und 300 l Bier, das Ganze mit gerade mal 50 Leuten. Tja, feiern konnten sie, die Jungs, und getanzt wurde auch. Ein weiteres Highlight kam, als Dave, ein Ami, den wir aus unseren Zeiten bei dem Harley Chapter kannten, „My Way" von Sinatra für uns sang. Diesen Augenblick werde ich auch nie vergessen, denn ich höre noch heute die Stimme, die mir zuflüsterte. „Du bist mein Leben." Und ich spüre immer noch die Arme, die mich umschlungen hielten. Es sind Momente, die immer in meinen Herzen verankert sind, die mir keiner mehr nehmen kann. Bomber nahm auch meinen Namen an. Er meinte, seinem hängt zu viel Schlechtes an.

An einen weiteren Augenblick, der sehr schön war, erinnere ich mich jedoch auch sehr gerne. Der Moment, als sein Sohn zu mir trat, mich umarmte und sagte: „Jetzt habe ich eine Zweitmama, welches Kind kann das schon von sich sagen, dass es zwei Mamas hat?"

Diesen Augenblick werde ich auch nie vergessen. Sein Sohn war schon immer für mich ein Teil von ihm und somit auch von mir, etwas anderes gab es nicht für mich und, glaubt mir, in diesem Moment war ich megastolz darauf, so einen tollen Jungen dazubekommen zu haben.

Wir machten unsere Hochzeitsreise nach Kroatien, natürlich mit dem Motorrad und einem befreundeten Pärchen. Es war eine super tolle Woche und auch daran erinnere ich mich gerne zurück. Doch viel zu schnell änderte sich wieder alles.

Das Rad drehte sich ein weiteres Mal und neue Steine lagen auf meinem Weg.

Die ersten kleinen Kiesel

Viel Zeit verbrachten wir damit, das neue Clubhaus der Supporter zu renovieren. Er steckte viel Energie hinein und auch ich half mit. Es machte mir schon immer Freude zu handwerken und ich half, wo ich konnte. Die Jungs behandelten mich gut und akzeptierten mich. Wir fuhren auf Partys und ich lernte eine Menge neue Leute kennen. Doch ich trank nicht, fuhr meistens und so war ich bei den Frauen weiterhin abgeschrieben. Sie konnten nicht begreifen, dass ich nicht trank und keine Drogen nahm. Auch waren sie nicht auf meinem Level, sodass ich eine vernünftige Unterhaltung führen konnte. Bis auf ein bis zwei mieden sie mich und ließen mich links liegen. Machte es mir was aus? Nein, mir war es egal. Ich unterhielt mich sowieso lieber mit dem männlichen Geschlecht oder war stiller Beobachter.

So gingen die Wochen dahin. Das Clubhaus wurde fertiggestellt und auch hier half ich viel finanziell mit aus und unser Zuhause blieb dafür auf der Strecke. Doch solange er glücklich war, war es für mich OK. Ich tat es für ihn, für das, was in ihm war, und dort war er ein MCler, ein Biker. Zu dieser Zeit ging es ihm gesundheitlich immer schlechter. Auf der Arbeit kam er nicht mehr klar und ich merkte eine Veränderung. Eines gab das andere und auch die Supporter lösten sich auf und er wechselte in den Voll-MC. Er war mittlerweile langzeitkrank und auch mich hatte es erwischt. Ich hatte einen Burnout. Ihr müsst wissen, ich war in meiner Arbeit alles, was man nur sein kann. Im Betriebsrat, im Gesamtbetriebsrat, im Wirtschaftsausschuss u.u.u. Meine Firma wurde verkauft und die ganze Verantwortung war einfach zu viel. Ich machte nichts mit halbem Herzen, immer alles ganz oder gar nicht, und so suchte ich mir Hilfe, doch diese wurde als falsch angesehen. Doch für mich zählte nur, dass alle Mitarbeiter zu richtigen Bedingungen übernommen wurden. Ich kämpfte mit dem Betriebsrat und wir schafften viel. Ehrlich gesagt war mir in dem Augenblick egal, wer hilft, nur dass überhaupt jemand hilft. Doch wie die Menschen eben sind, Hintergründe interessieren sie nicht. Sie urteilen schnell und hören nur auf Medien und Berichte, anstatt, dass sie sich selbst ein Bild machen. Es ging so weit, dass ich anonyme Drohbriefe nach Hause bekam. Dankbarkeit bekam ich nicht. Ich kämpfte für viele und verlor mich selbst dabei. Was am Ende übrig blieb, war ein Tritt in den Arsch. Ja, ich kämpfte und handelte und traf Entscheidungen, die mir zwar halfen, mir aber am Ende das Genick brachen, denn keiner wollte verstehen, dass es einfach anders nicht ging. Die ach so Schlauen taten so schlau und hatten selbst keine Ahnung.

Ich kam in Therapie und sollte lernen, wieder nein zu sagen. In jeder Beziehung. Denn ich war ein Ja-Sager geworden. Egal, in welcher Beziehung man mich ansprach, ich sagte nie nein. Es lag einfach nicht in meiner Natur. Und Bomber? Er sah, dass es mir nicht gut ging. Doch er sagte immer nur, habe ich es dir nicht gesagt, dass du ausgenutzt wirst? Das half ungemein, vor allem weil ich mich von ihm genau so ausnutzen ließ.

Der Kampf um eine Reha ging fünf Monate, in der Zeit war ich auch krank geschrieben. Wir beide auf Dauer zusammen zu Hause, das war ein krasses Problem. Ich, die Positive, nach Ruhe Lechzende, und er der Choleriker, der Partys, Musik und Fernsehen liebte. Immer öfters ging er auch mit seinem Club weg und ich stellte fest, dass er sich veränderte. Es ging ihm nicht gut, das sah ich ihm an. Jedoch tat er auch nichts dafür, um die Situation zu verbessern. Eine Krankheit jagte die andere. Mittlerweile hatte er schon die Erwerbsminderungsrente durch und war fest zuhause. Ich selbst ging in Reha und dort merkte ich das erste Mal, dass ich mich verloren hatte. Redeten sie es mir ein? Nein, ich stellte es selber fest. Denn plötzlich gab es Menschen, mit denen ich lachte. Ja, ich hatte mein Lachen verloren. Es gab Menschen, die mir zuhörten und mich nicht unterbrachen, wenn ich sprach. Sie ließen mich ausreden.

Mit Bomber konnte ich darüber nicht reden, er hatte seine eigenen clubinternen Sorgen und auch mit sich selbst. Ich kam zurück, 30 kg leichter, und riss ein Stückchen Leben wieder an mich. Ich ging walken und traf mich mit Freunden, ganz zum Ärger von Bomber. Er mochte es nicht, wenn ich mich mit anderen traf. Er hatte immer Angst, ich würde über unsere Beziehung reden. Er redete viel mit mir, doch auch immer öfters merkte ich, dass er ungehalten wurde. Die kleinsten Unstimmigkeiten regten ihn auf. Er ging oft 36 Stunden Party machen. Dazu muss ich allerdings sagen, er war nie der typische Bedrunkene. Nein, Bomber kam nach Hause und erzählte mir jede Einzelheit, was er erlebt hat, ging sogar manchmal noch mit mir essen oder trank in aller Ruhe Kaffee mit mir. Oft jedoch nahm er mich auch in den Arm und sagte unter Tränen, wie leid es ihm tat, dass er so ein Bollerkop war. Ja, so bezeichnete er sich immer. Sehr oft, gerade wenn er was getrunken hatte, merkte ich, wie sehr er mich liebte. Er konnte es nicht anders zeigen, hatte es nie gelernt, als Internatskind. Im Inneren war Bomber ein sehr einsamer Mensch, denn er hatte so viel Liebe zu geben, doch er hat nie gelernt, wie. Nach außen immer stolz, geradeheraus, ehrlich und im Inneren ein großes verstecktes Herz. Ab und an zeigte er es mir und das waren dann auch diese Momente, die bedeutend für mich waren. Ich sah diesen anderen

Menschen in ihm und ich wollte ihn retten. Für diesen Menschen habe ich alles getan. Es begann harmlos, doch ich nahm es wahr. Er bekam Phobien. Es fing damit an, das er alle Türen und Fenster verriegelte und sogar neben seinem Bett ein Pfefferspray und ein Messer liegen hatte. Auch ging er alleine nirgends hin. Naja, außer zu seinen Freunden. Er fuhr nicht mehr alleine Moped, ging ohne mich nicht in einen Laden oder zum Arzt. Für mich war das eine sehr große Belastung. Auch ich musste es erst einmal erkennen. Ließ ich eine benutzte Tasse auf der Spüle stehen, war es ein Grund für eine endlose Diskussion. Kleinigkeiten regten ihn auf. Seine erste Psychosomatische Reha ging sechs Wochen und er war zu dieser Zeit an einem Punkt angelangt, wo er selbst erkannte, dass er Hilfe brauchte. Als er zurückkam, war er so voller Hoffnung. Doch es dauerte nicht lange und er fiel wieder in dieses Loch. Wenn er unterwegs war, nahm er immer häufiger Drogen. Ich wusste davon und ich sprach ihn darauf an. Doch er sagte immer nur, er hätte es im Griff. Er nahm auch nie unter der Woche etwas, auch trank er keinen Alkohol zuhause. Er war erwachsen genug, dachte ich so bei mir, es ist sein Leben und diese Verantwortung musste er selbst tragen. Heute denke ich oft, hätte ich mal mehr getan. Doch nein, er war auch ein Sturkopf und manches im Leben ist auch Eigenverantwortung. Da konnte ich nicht zu ihm durchdringen. Er wusste, dass ich es nicht gut fand und nicht akzeptierte. Doch solange er es nicht in unser Zuhause brachte, sah ich darüber hinweg. Oft fragte er mich, warum er es tat. Doch darauf konnte ich ihm keine Antwort geben, die musste er bei sich selbst suchen. Er war ein sehr innerer Mensch und manchmal wünschte ich mir, dass ich hineinkriechen und ihn fest in meine Arme schließen könnte. Ab und an ließ er es zu, doch oftmals war auch mir der Zugang verschlossen.

Auf den Hund gekommen

Eines Tages, ich weiß noch genau, es war der 07.03.2018, rief morgens meine Nichte an und schenkte mir eine Großnichte. Am Nachmittag, ich war gerade auf der Arbeit, rief Bomber mich an und sagte: „Schatz ich habe ein schwarzes Stück Fell an einem Strick hier bei mir. Was soll ich tun?“

Tja, da war es wieder das weiche Herz. Er war noch mit ein paar Freunden in den Kneipen unterwegs und als ein Junkie mit besagtem Hund reinkam und ihn loswerden wollte, nahmen sie ihn weg und so stand Bomber plötzlich mit Hund da. Ich sagte natürlich: „Bring ihn mit, dann sehen wir weiter.“

Als ich nach Hause kam, empfingen mich große schwarze Kulleraugen in einem verfilzten, dreckigen Fell. Gibt es Liebe auf den ersten Blick? Ja, denn das war es, was Lucky und mich ab den ersten Blick verband. War es mein Kindersatz? Der Ersatz für das Kind, das ich nie haben sollte? Ja, ich denke schon. Denn nun gab es jemanden, dem ich so viel Liebe geben konnte, und vor allem, von dem ich auch etwas zurückbekam. Er war ein geschlagenes, von seinem bisher kurzen Leben schwer gekennzeichnetes Lebewesen. Irgendwie genau wie ich. Er wurde mein Beschützer, Freund, Seelentröster und dickster Kumpel. Eigentlich sollte er Therapiehund werden für Bomber, doch das klappte nicht. Naja, dieser wurde nun gefordert und musste zumindest vor die Tür mit ihm, wenn ich arbeiten war. Das war gut und gab auch Bomber etwas, was er dringend brauchte – Bewegung. Lucky war ein seltener Hund. Ein Mischling mit einer Stimme und einem Gebiss wie ein Pitbull und trotz allem ein großer Angsthase. Er bellte fast nie, spielte nicht, machte nichts kaputt. Er hasste Wasser, Gewitter, Laub und hörte nur, wenn er wollte. Er konnte alles, doch war er ein Sturkopf, und wenn er keine Lust hatte, stellte er sich taub. Doch beschützte er mich und ließ nie einen Fremden an mich heran, da konnte er richtig böse werden. Lucky gehörte nun zu unseren Alltag und ich kann nur sagen, er machte unsere kleine Familie komplett. Er brachte wieder Schwung hinein und Hoffnung.

Mittlerweile war Bomber schon einige Male in Akutkliniken. Es war jedesmal sehr schwer für ihn und auch für mich. Seine Psyche litt und er verlor immer mehr von seinem Wesen. Wenn er zuhause war schaute er viel Politik und Reportagen. Für mich machte es ihn noch kränker. Sagen wir, dass er unsicherer wurde. Das Leben machte ihm Angst. Immer mehr klammerte er sich an mich. Ich musste alles für ihn erledigen. Bekam Vollmachten und war so etwas wie seine Betreuerin geworden. Es schmerzte mich, zu sehen, wie ein starker Mann zerfiel. Nach außen erschien er gesund und stark, doch hinter verschlossener Tür war er ein gebrochener Mann. Immer öfter wollte er aus dem Club. Meinte, er wäre zu alt dazu. Doch ich überredete ihn zu bleiben, denn ich erkannte, dass die Jungs sein Halt waren. Dann kam die Diagnose Diabetes. Schon vorher hatte er plötzlich schwere Probleme beim Sex. Eine Belastung, die seine Psyche noch mehr angriff. Weil wir ein reges Sexleben hatten, war es ein Tiefschlag für ihn. Auch die Angst, dass ich gehen würde, kam dazu. Ich konnte es ihm noch sooft beteuern, dass für mich in guten wie in schlechten Zeiten zählt, er wurde immer unsicherer und frustrierter. Die Medikamente und der Zucker nahmen ihm etwas, an dem wir beide immer viel Spaß hatten. Seiner Männlichkeit beraubt, sagte er immer. Doch für mich war er immer noch mein Mann und egal, was passiert, es war mir immer klar, dass ich bei ihm blieb. Es war nicht leicht. Im Gegenteil. Oft, sehr oft, wollte ich meine Taschen packen, doch ich konnte es nicht. Warum? Weil ich wusste, dass es die Krankheit war, die ihn so werden ließ. Er war nicht böse. Nie. Wie soll ich euch das beschreiben. Er wurde anstrengend, fordernd, unleidlich, immer negativer, cholerischer. Doch in seinem Inneren war er immer noch der Mensch, den ich liebte und der mich liebte. Ich konnte ihn nicht aufgeben.

Tja, und dann passierte es. Ich wurde krank. Sehnenriss in der Schulter. Es folgten eine OP und wochenlange Einschränkungen. Wieder waren wir zusammen zuhause und es war wirklich nicht leicht. Ich kam in Reha und weil ich keine Medikamente vertrug, ging die Heilung nur langsam voran. Als ich endlich wieder arbeiten konnte, war es für uns beide eine Erlösung. Doch die Schulter wurde nicht besser und der Arm hing sinnlos herum. So kam ich in die Kernspin, weil man vermutete dass es vom Nacken kam. Tja, das Unheil nahm seinen Lauf. Man entdeckte, dass ich acht große Knoten in Hals und Schilddrüse hatte. Die Diagnose war erschütternd. Doch ich bekam Tabletten und ging unter Beobachtung. Alles nicht so schlimm, sagte man mir zu diesem Zeitpunkt. Das war im Januar. Ich bekam zu dieser Zeit einen Drang nach Freiheit und war rastlos. Das merkte auch Bomber und als ich etwas Geld von der Versicherung bekam, buchte ich meine Traumreise nach Schottland für September. Ich wollte schon immer einmal die Highlands sehen. Bomber bekräftigte mich, es zu tun. Für ihn war es nichts, doch er gönnte es mir von ganzem Herzen. 14 Tage wandern durch die Highlands sollte es werden.

… und täglich grüßt das Murmeltier. Felsbrocken fallen.

Doch es kam wieder mal alles anders, als man dachte. Das Rad drehte sich wieder. Im Mai fing es an, mir schlechter zu gehen. Ich bekam stellenweise wenig Luft, hatte immer diesen Druck im Hals. Als ich einen Termin zur Untersuchung bekam, war es schon Ende Juli. Die Diagnose lautete auf eventuellen Schilddrüsenkrebs. Heiße Knoten. Erschütternde Augenblicke, und der Drang, nach Schottland zu reisen, wurde noch mal größer. Ich sah mein Leben vor mir wegrennen. Das Problem war, dass man mich nicht sofort operieren konnte, denn erst mussten sich die Tabletten im Körper abbauen und das dauerte sechs bis acht Wochen. Eine Punktierung, um den wirklichen Ernst der Lage festzustellen, war bei der Menge der Knoten auch nicht möglich. Ich hing also mit der Diagnose in der Luft. Wir fuhren im August zur Nordsee, um Abstand zu gewinnen. Dort saßen wir bei meiner Freundin und überlegten, wie wir mit dieser neuen Hiobsbotschaft umgehen sollten. Ich wollte unbedingt erst nach Schottland, hatte Angst, dass ich es nicht überleben würde und wollte mir gerne diesen Traum noch erfüllen. Doch ich sah die Angst in den Augen meines Mannes und so kam alles anders. Mir schlug alles auf den Magen und es ging mir immer schlechter. Am 21.09. lag ich auf dem OP-Tisch, genau an dem Tag, an dem mein Flug gehen sollte. Was für eine Ironie.

Ich wachte aus der Narkose auf und sah die Ärztin vor mir sitzen. Sie erzählte mir, dass sie die OP abgebrochen hatten, da ein Knoten mit den Stimmbändern verwachsen war und sie ihn abschälen mussten. Ich hatte Fragen, doch als ich den Mund öffnete, kamen keine Töne mehr raus. Naja sehr leise und anstrengende Töne. Glaubt mir, in diesem Moment brach etwas in mir. Ich fragte mich, warum ich dies verdient hatte. Ich war doch ein netter Mensch und immer für alle und jeden da. Stimmbandlähmung war die Diagnose. Nun wurde Bomber gefordert und, glaubt mir, plötzlich war er da, der innere Mensch, denn sein Reginchen war krank. Er unterstützte mich, wo es ging. Er hatte große Angst um mich, das spürte ich in vielen seiner Gesten, auch wenn er es nicht sagte. Ich bekam Logopädie und nach einiger Zeit gab ein Ohrenarzt grünes Licht, denn meine Stimmlippe würde wieder funktionieren, obwohl ich immer noch sehr leise sprach. Also wurden die anderen Knoten entfernt.

Als ich aufwachte, glaubt mir, als erstes sagte ich etwas. Ich hatte wirklich meine Stimme gehört und war überglücklich. Nur, dass ich meine Stimme nur in meinen Kopf hörte, das erfuhr ich kurz darauf. Sie war wieder weg und nun noch schlimmer.

Auch fehlte mir Luft, doch eines war erfolgreich, die Knoten waren raus und bis auf einen waren sie gutartig. Ich fuhr zur Reha in eine Stimmklinik. Ich wollte Walking machen, Sport treiben und lachen. Doch ich konnte nicht, denn Anstrengung nahm mir die Luft, weil die Stimmlippen zum Teil standen. Ich war frustriert und genervt. Hatte ich doch endlich den Sport für mich gefunden und nun ging es nicht mehr. Auch die Einstellung der Hormontabletten war ein großes Problem und das brachte mich zum Überkochen. Ich war übernervös und hibbelig. Ich werde nie den Tag vergessen, als ich mit Mama am Telefon sprach und sie mir sagte: „Regine, sieh es als Chance an. Du schreibst schon immer so tolle Geschichten, schick sie an einen Verlag. Jetzt hast du Zeit, nutze sie und schreibe weiter.“ Dieses Telefonat brachte eine große Wende in mein Leben.

Aus Steinen etwas Schönes bauen

Ich suchte das Gespräch mit einer Psychologin vor Ort und sie bekräftigte mich und zwang mich regelrecht, dem Vorschlag meiner Mutter zu folgen. Also tat ich es und sendete meine bisher geschriebenen Kurzgeschichten an fünf Verlage. Es dauerte gerade mal vier Tage und ich bekam die ersten Angebote. Jedoch holten sie mich schnell auf den Boden der Tatsachen zurück. Die Kosten waren immens und einfach nicht realistisch für mich. Jedoch das Wissen, dass ich Chancen hatte, brachte mir ein tolles Gefühl. Bomber lachte nur und sagte zu mir: „Na klar, alles kostet Geld. Wenn du bezahlst, veröffentlichen sie auch den größten Schmarrn." Wie immer war er sehr negativ.

Doch davon ließ ich mich nicht unterkriegen. Ich hatte einen Entschluss gefasst und das Beste daran war, ich schrieb wieder. Kurz bevor ich in Reha fuhr, begegnete mir diese Fledermaus. Ich nannte sie Malu und sie sollte ab sofort meine Stimme werden. Inspiriert durch Malu schrieb ich. Nebenbei fand ich einen kleinen Verlag, der meine erste Geschichte kostengünstig in einem Buch verwirklichte. Ich kam nach Hause und meine Stimme war immer noch schwach und Anstrengungen nahmen mir die Luft. Bomber machte sich viele Sorgen, doch er merkte, dass ich diese Zeit, in der ich schrieb, brauchte, um mich zu finden und Kraft zu schöpfen. Als mein erstes eigenes Buch hereinflatterte, war er es, der es mir sofort aus den Händen riss und … wie sollte es anders sein … über das kleine dünne Büchlein schmunzelte. Ja, es war sehr dünn, doch ich hatte den Inhalt geschrieben. Ich verfiel in einen regelrechten Schreibflash. Drei Monate später erschien Malus erstes eigenes Buch. Dieses war schon viel dicker und ich sah diesen kleinen Funken Stolz in Bombers Augen. Er sagte: „Das ist nix für mich."

Doch ich ertappte ihn öfters, dass er darin las. Ich schwieg es aus und erfreute mich im Stillen daran. Meine Stimme wurde und wurde nicht besser und es zog an meiner Psyche und Laune. Schreiben war die einzige Alternative, die mir Rettung brachte.

Ich war schon 15 Monate zuhause, als die Pandemie ausbrach und sich bei Bomber eine weitere Verschlechterung breitmachte. Er igelte sich ein, hatte Ängste vor dem Virus und seine Phobien nahmen sehr kritische Ausmaße an. Für mich war es doppelt schwer. Denn ich hatte selbst noch mit mir zu kämpfen. Ich stellte mich wieder mal zurück und war für ihn da. War es mir wichtig? Ja, denn ich sah, wie er litt. Er litt unter seinen Anfällen, wie ich es derzeit nannte. Es machte ihn auch unglücklich, weil er sich Sorgen um mich machte und nicht wusste, wie er mir helfen konnte. Es war eine sehr kritische, anstrengende Zeit. Das zweite

Malu-Buch erblickte das Licht der Welt, als ich wieder in Reha fuhr. Gleicher Ort, gleiche Klinik. Aufgrund der Pandemie unter strengen Einschränkungen. Dann kam die Sorge um meinen Mann dazu. Ich wusste, dass er selbst große Probleme hatte. Doch mir war auch klar, ich musste an mich denken. Die Diagnose lautete Vocal Cord Dispersion, das ist eine Einschränkung der Stimmlippen, eine Funktionsstörung, die zurückgeblieben war und mit der ich nun leben musste. Entschleunigung nannten sie es. Kein Stress, keine Hektik, alles langsam und manches eben gar nicht mehr. Wieder eine Umstellung für mich, so machte ich gerne viel auf einmal. Doch ich lernte es.

Glaubt mir, dies war eine harte Zeit. Langsam durchs Leben zu wandern, war gar nicht mein Ding. Ich kam zurück und wir stimmten uns auf die neue Situation ab. Durch mein Schreiben hatte ich trotz allem etwas Schönes erreicht im Leben, was ich sonst wohl nie geschafft und gemacht hätte. Die Krankheit hat mein Leben in eine neue Bahn geworfen.

Im August fing ich wieder an zu arbeiten. Ich konnte mich wieder verständigen, zwar nicht laut, doch es war möglich und der Alltag holte mich schnell wieder ein.

Das Rad jedoch stand nicht still – und eine Felswand stürzte ein.

Eine tonnenschwere Felswand

Im August ging Bomber seit langem wieder mal weg. Als er nach Hause kam, warf er die Zigaretten in den Müll und sagte, er rauche nicht mehr. Bei mir schellten alle Alarmglocken. Denn bis jetzt war es ihm egal gewesen, wie schlecht es ihm ging, er rauchte immer weiter.

Ich machte mir sehr viel Sorgen und eine Odysee an Arztbesuchen begann. Doch alle sagten, es wäre sein Asthma. Ich war anderer Meinung. Doch auch er wollte nichts davon hören, als ich sagte, es könnte das Herz sein. Es erschreckte mich, als er anfing immer mehr darüber zu reden, was sein wird, wenn mal etwas mit ihm passiert. Wir haben immer viel darüber geredet. Das Thema Tod war für uns beide ein Thema, das zum Leben gehörte, und wir sprachen oft offen darüber. Doch nun machte es mir Angst. Die Erkenntnis traf mich zur Hochzeit meiner Nichte im September. Es ging ihm davor sehr schlecht und eigentlich wollte er gar nicht mit. Doch im letzten Augenblick entschloss er sich mitzukommen. Er sagte etwas, was mich sehr nachdenklich stimmte. Er wollte nicht allein zuhause bleiben. Er meinte, wenn ihm was passiert, möchte er in meiner Nähe sein. Zu dieser Zeit ging es ihm schon sehr schlecht. Er schlief im Nebenzimmer, sodass er mich nicht störte, wegen seiner Anfälle. Doch ganz ehrlich, ich konnte trotz allem nicht schlafen, denn immer lauschte ich nach ihm. Von der Hochzeit zurück, gingen wir zum Kardiologen und dieser bestätigte eine Auffälligkeit am Herzen. Eine andere Untersuchung musste her. Bomber wurde immer unruhiger und er hatte Ängste in sich, die keiner verstand, nur ich. Einmal sagte er zu mir. „Maus, ich würde dich so gerne in den Arm nehmen, doch ich habe Angst.“

Wisst ihr, aufgrund von Corona und weil ich arbeitete, vermieden wir Umarmungen und Nähe. Er hatte panische Angst vor dem Virus und dass er zugab, Angst zu haben, war sehr erschreckend. Der Termin beim Spezialarzt und die Untersuchung ließen auf sich warten. Ich rief immer wieder an, doch es tat sich nichts. Es machte mich krank, ihn so zu sehen. Er litt fürchterlich an der Luftnot und war mittlerweile süchtig nach Asthmasprays, die nicht halfen.

Es war der 1. auf den 2. November 2020, als er nachts überhaupt keine Ruhe fand. Ich lief die ganze Nacht mit ihm durch die Wohnung. Als wir dazwischen kurz auf dem Balkon standen, hörten wir den Waldkauz rufen und Bomber sagte so zu mir: „Kann dieser Kauz nicht endlich mal schweigen.“

Ich stand neben ihm und lauschte auf den Ruf. Für mich war es ein unheimliches Gefühl. Schon lange hatte ich den Kauz nicht gehört.

Als es Zeit war, morgens zur Arbeit zu gehen, setzte ich mich neben ihn und sah ihn an. Ich blickte in gequälte Augen und sagte: „Schatz, lass dir helfen. Es tut mir weh, den Menschen, den ich liebe, leiden zu sehen. Bitte lass dir helfen, dass die Qual ein Ende hat."

Ich ging mit gemischten Gefühlen auf die Arbeit. Zwei Stunden später kam sein Anruf mit den Worten: „Maus, ich kann nicht mehr, bitte hilf mir. Ich bin bereit."

Worte, die fest in meinem Kopf verankert sind. Ich raste nach Hause. Endlich war er bereit, sich helfen zu lassen, denn das verstand ich unter bereit. Ihr müsst wissen, er hatte wirklich panische Angst vor Krankenhäusern. Doch nun war wohl der Punkt erreicht, wo er selbst das in Kauf nahm, denn es ging ihm wirklich schlecht.

Als die Sanka eintraf und sie ihn untersuchten, stand sehr schnell fest, dass es das Herz war. Ein hinzugezogener Notarzt bestätigte es noch einmal und es fing ein Kampf an, dessen Stärke keiner voraussehen konnte. Als sie ihn in den Krankenwagen schoben, trat ich an die Liege und er nahm meine Hand. „Schatz, nimm meinen Ehering und heb ihn in Liebe für mich auf", sagte er.

Ich küsste seine Hand und nahm den Ring ab. Durch die Masken konnten wir uns nicht küssen und, glaubt mir, heute bereue ich es, dass ich es nicht getan habe. Denn dies sollte ein Abschied für immer werden, nur dass wir es zu diesem Zeitpunkt noch nicht wussten.

Ich ging zurück in die Wohnung und ließ Lucky aus dem Schlafzimmer, in das ich ihn gebracht hatte, als die Rettung kam. Es wunderte mich, dass er keinen Ton von sich gegeben hatte, als die vielen fremden Menschen in der Wohnung waren. Ich räumte zusammen, dann suchte ich Lucky. Ich fand ihn auf Bombers Schreibtischstuhl. Noch nie, wirklich noch nie war er dort raufgesprungen. Ich fiel vor ihm auf die Knie und weinte. Ja, ich weinte mit dem Gesicht in seinem Fell. Dann rief ich Bombers Kinder an. Für mich war es selbstverständlich, ihnen zu sagen, dass Papa im Krankenhaus war.

Am Abend telefonierte ich mit Bomber und er sagte mir, dass er am nächsten Tag eine Herzkatheter-Untersuchung, es war ein Routineeingriff, und eventuell einen Stent bekommen würde. Wir redeten nicht lange, doch wir sagten beide: „Das schaffen wir."

Am Morgen schrieb er mir, ich solle sein Kissen bringen und an der Pforte abgeben. Er wollte sich melden, wenn er wusste, wann er den Eingriff bekommt. Doch es blieb still und ich fuhr mit dem Kissen ins Krankenhaus. Doch ich konnte die Tasche nur abgeben und eine Nachricht hinterlassen, dass man mich bitte kontaktieren sollte. Ich saß zuhause und wartete. Dann rief ich auf Station an, doch die sagten nur, er wäre noch nicht zurück. Eine nette Schwester versprach mir, etwas in Erfahrung zu bringen. Ich informierte seine Freunde. Ich brauchte Halt und ich wusste, dass nur die Jungs dafür in Frage kommen würden. Dann endlich rief mich ein Arzt an, es war schon abends, als er sich meldete. Er erklärte mir, dass sein Herz einen schweren Schaden habe und sie ihm einen Stent gesetzt haben. Doch im Aufwachraum habe er eine Stentthrombose bekommen und wurde notoperiert. Dabei haben sie nochmal vier gesetzt, doch es reichte nicht aus, sodass er jetzt erst mal eine Herzpumpe habe. Ich verstand nicht viel davon, hörte nur Not-OP. Der Arzt versprach, sich wieder zu melden.

Ich fing an zu funktionieren, schob die Angst weit nach hinten und sendete Kraft. Mitten in der Nacht rief mich der Arzt wieder an und informierte mich, das sie ein Krankenhaus suchten, das ihn aufnahm und er mich informieren würde. Gegen 6 Uhr am Morgen klingelte das Telefon und der nette Arzt war wieder in der Leitung. Er sagte mir, dass ein Herzteam aus Dortmund gekommen sei und sie ihn nun mitnehmen würden. Sie hätten ihn direkt an die Herz-Lungen-Maschine angeschlossen. Ich wollte ihn sprechen und der Arzt nahm mich mit zu ihm. Es dauerte eine Zeit, dann hörte ich seine Stimme. Schwach, kraftlos sagte er: „Maus, es dauert doch etwas länger. Pass auf dich auf, ich liebe dich.“ Mehr nicht. Ich lachte auf. Er dachte an mich. Dabei war er es, dem es schlecht ging. Ich war so froh, dass wir diese Patientenverfügung hatten, die mich an allem, was geschah teilhaben ließ. Sonst hätte ich wohl nie diese ganzen Auskünfte bekommen. Als mich Dortmund das erste Mal anrief, spürte ich eine Verzweiflung in mir, die hervorkommen wollte, doch ich zwang mich zu funktionieren. Ich musste stark sein für uns, seine Kinder, seine Freunde. Lucky schlich um mich herum, fraß nicht viel und litt mit mir.

Es dauerte drei Tage und bestimmt 20 Telefonate mit der Klinik, bis eines morgens mein Handy schellte und ich seine Nummer sah. Ich bekam im ersten Augenblick einen Schock. Videoanruf. Ich war nicht frisiert. Doofer Gedanke, doch genau dieser ging durch meinen Kopf. Doch ich sah nur eine Krankenschwester, als ich ihn annahm. Dann kam der Moment, als ich ihn sah. Glaub mir, ich musste mich zwingen, nicht los zu heulen. Denn das durfte ich nicht. Der Arzt hatte gesagt, ich soll ihn nicht mit Traurigkeit belasten. Bomber winkte mir zu. Es war schrecklich, ihn an dieser Maschine liegen zu sehen. Reden war sehr anstrengend für ihn und er fragte immer wieder: „Geht’s dir gut.“ Er lag da und fragte, wie es mir ging. Mir liefen lautlos die Tränen aus den Augen. Ich griff nach Lucky und hielt ihn vor die Kamera. Bomber sagte: „Pass auf Frauchchen auf.“ Ich erinnere mich noch an dieses Gespräch, als wäre es gestern gewesen. Es waren knapp drei Minuten. Mein Kopf konnte es nicht richtig verarbeiten, was gerade geschehen war. Ich wollte zu ihm. Seine Hand halten, für ihn da sein. Doch ich durfte nicht. Verboten wegen Corona. Ich kannte seine Ängste und nun lag er alleine auf dieser Intensivstation.

Einen Tag später setzten seine Nieren aus und der Zucker schoss in die Höhe. Ich kämpfte, wollte zu ihm, doch ich bekam keine Erlaubnis. Ich schlief nicht, wandelte herum und machte mir Gedanken. Man wollte ihn zwei Wochen an der Maschine lassen, um das Herz zu kräftigen für eine Bypass-OP. Ich war nicht doof. Das Herz ist ein Muskel und wenn Muskeln geschont werden, werden sie weich und kraftlos. Diese Maschine war für mich sein Untergang.

Jeden Tag versuchten wir eine Videoschaltung zu machen, oft sahen wir uns nur an, weil das sprechen schwer war für ihn. Einmal erinnerte er mich daran, dass ich mich an meine Versprechen halten solle. Ja, das tat ich, sagte ich zu ihm, und er wurde ruhiger.

Dann kam ein Tag, an dem es sehr schlimm wurde. Er hatte wohl versucht, sich die Schläuche herauszureißen und bekam Beruhigungsmedikamente. Er hatte Verfolgungswahn, rief mich panisch an, er wäre ans Bett gefesselt und ich soll ihn retten. Für mich war es Horror pur, bis ich einen Arzt dran hatte und er mir erklärte, was passiert war. Ich bettelte darum, zu ihm zu dürfen. Doch der Arzt sagte, es ginge nicht. Doch wenn es ernst wird, dann würden sie eine Ausnahme machen. Ich war ein Nervenbündel, wollte schreien, weinen, um mich schlagen, doch ich musste stark sein. Tage hatte ich nicht geschlafen, konnte nicht. Das einzige, was mir half, waren die Gespräche mit seinen Jungs, seinen MC-Brüdern.

Einen Tag nach dem Vorfall stand meine Mutter und meine Nichte vor der Tür. Sie wollten mir gerne beistehen und sind den weiten Weg gefahren, um mich zu unterstützen. Es war so lieb von ihnen, doch für mich total falsch. Denn ich brauchte dieses Alleinsein. War nun gezwungen, jemanden in meiner Wohnung zu haben. Total falsch, denn ich wollte und konnte keine Ablenkung gebrauchen. Freitagabend schaltete ich die tägliche Videokonferenz. Ich weiß noch, dass ich überrascht war, wie gut er drauf war. Als hätte es nie diesen Anfall gegeben. Ich erzählte ihm, dass Mama da sei, und er wollte sie sehen. Ganz überrascht war ich, denn er wollte eigentlich nicht, dass ihn irgendjemand so sah. Er lachte Mama durch die Kamera an und sagte: „Hallo Schwiegermama, schön, dass du da bist und auf Regine aufpasst.“ Immer diese Sorgen um mich. Es war für mich unbegreiflich und Mama sagte zu ihm:

„Kämpfe, damit du es wieder selbst machen kannst."

Daraufhin lachte er und hob die Hand mit dem Daumen. Ich freute mich so sehr, weil er so gut drauf war, und wir redeten noch eine Weile. Ich fragte, ob er mit seinen Kindern gesprochen hatte, sie angerufen hatte. Da sagte er zu mir, und diesen Satz werde ich nie vergessen: „Ich möchte die Zeit, die mir bleibt, nur mit dir verbringen, meiner Lebensliebe."

Ich sagte: „Ich liebe dich und bin bei dir."

Dies sollten die letzten Sätze sein, die wir gewechselt haben. Doch ich wusste es an diesem Abend noch nicht.

In der Nacht lag ich wach, wie alle Nächte. Ich weiß noch, ich trank einen Jack Daniels, sein Lieblingsgetränk, und stieß mit ihm an. Ich saß im Dunkeln und sagte mein Mantra auf. „Kämpfe, kämpfe für uns."

Am Morgen kam der Anruf. Man informierte mich, dass er einen Herzstillstand hatte und reanimiert wurde. Dann wurde ihm ein neues Medikament gespritzt und sie hatten ihn wieder. Jedoch hatte er Kammerflimmern. Der Arzt erzählte mir etwas von einem Kunstherz, worauf ich direkt nein sagte. Denn ich wusste, dass Bomber das nicht wollte. Dann sagte man mir, ich soll zum Gespräch kommen. Ich rief den Club an, man holte mich ab und ich fuhr hin, endlich konnte ich zu ihm. Ich war so glücklich, trotz des Vorfalls. Als ich beim Arzt ankam, erklärte er mir noch einmal alles, und ich fragte warum man ihn so lange reanimiert hatte, wo er doch extra eine Patientenverfügung hatte. Der Arzt meinte daraufhin, dass sie verpflichtend seien, alles zu tun, um Leben zu retten. Ok, ich verstand es irgendwie und irgendwie doch nicht.

Dann durfte ich zu ihm. Ich trat durch die Tür und hinter mir der Arzt. Lächelnd trat ich ein und sagte „Hallo mein Bär, ich bin da."

In dem Augenblick spürte ich eine Hand auf meiner Schulter und eine Stimme sagte zu mir: „Er hört Sie nicht, wir haben ihn ins künstliche Koma gelegt."

Glaubt mir, ich rastete förmlich aus. Sie hatten Bomber in seinem eigenen Körper eingesperrt. Ein No go für mich. Ich kannte sein Inneres, seine Ängste und seine Panik. Ja, ja, im Koma bekommt man nichts mit. Alles Bullshit. Ich nahm seine Hand, streichelte ihn über die Augen und Wangen und sie zuckten. Ich redete auf ihn ein. Der Arzt jedoch sagte mir immer wieder, er hört nichts. Nein – das glaubte ich nicht. Ich sah ihn da liegen, den Menschen, der mein Leben war, seit 23 Jahren. Der mich geliebt und geprägt hat, und ich war hilflos, voller Wut auf die Welt. Mein Inneres wollte schreien, nach außen brechen, doch ich hatte die Mauer fest hochgezogen, ich musste funktionieren.

Sonntag ging ich wieder zu ihm. Er lag vor mir, als würde er nur schlafen. Die Maschinen piepten um ihn herum. Ich beugte mich nah zu ihm herunter. Ich hatte keine Worte mehr, nur noch Verzweiflung. „Lass los, mein Schatz. Ich schaff es. Mach dir keine Sorgen um mich. Ich bin stark für uns, denn ich liebe dich darüber hinaus."

Dann ging ich. Ich hatte mich schon erkundigt und wollte am Montag ein ärztliches Konzil einreichen, dass die Patientenverfügung greift. Er wollte nie Pflegefall werden, das war sein größter Wunsch. „Erledige deinen Part", hat er immer gesagt. „Ich vertraue dir, dass du es tust." Ja ich musste meinen Part erledigen, das war ich ihm schuldig. Leider war darin auch die Bitte verknüpft, seine Kinder nicht zu ihm zu lassen. Sie sollten ihn nicht so sehen. Dies zu erfüllen, fiel mir sehr schwer. Doch ich hatte es ihm versprochen. Egal was ich gerne getan hätte, so respektierte ich seine Wünsche. Ich schickte meine Mutter und Nichte nach Hause. Ich brauchte Freiheit, das Alleinsein. Ich sagte es ihnen und sie verstanden, dass ich es nicht böse meinte. In dieser Nacht saß ich auf dem Balkon und das erste Mal seit der Nacht vom 1. auf den 2. November hörte ich den Waldkauz wieder. Montag früh kam der Anruf, dass ich wieder zum Gespräch kommen solle. Ich fragte den Arzt am Telefon: „Darf ich ihn erlösen?“

Darauf bekam ich nur die Antwort: „Lassen Sie uns reden.“

Ich ließ mich wieder einmal hinfahren, denn selbst fahren konnte ich nicht. Unbewusst steckte ich seine kleine Plüschgiraffe ein, die er einmal von mir bekommen hatte.

Beim Arzt saß ich vorm Schreibtisch und er erzählte und erzählte. Doch ich bekam alles nur wie im Nebel mit. Er hätte einen kleinen Schlaganfall gehabt in der Nacht und es gäbe gute Pflegeheime und, und, und. Irgendwann sagte ich laut und deutlich: „NEIN, ABSCHALTEN.“ Was dann kam, war verrückt. Denn ich höre es immer noch.

„Dann machen wir einen Termin.“

„NEIN“, sagte ich. „Jetzt.“

Ich glaube heute, dass mein Blick überzeugend war, denn wie in einem Traum gab der Arzt irgendwann nach. Er erklärte mir den Vorgang, doch ehrlich gesagt war er für mich uninteressant. Ich wollte nur, dass Bomber, mein Herz, erlöst wird. Man schob mir einen Stuhl vors Bett. Ich weiß noch, dass ich über sein Gesicht strich, seine Hand in meine nahm und eine auf sein Herz legte. Ich sagte: „Flieg, mein Herz, irgendwann sehen wir uns wieder. Doch nun flieg, flieg voraus in die Sterne, ich zeige dir den Weg.“

Als der Knopf gedrückt wurde, flüsterte ich ihm zu: „In ewiger Liebe."

Als der Linienton erklang, fiel ein so großer Fels von meiner Seele, dass ich nach Luft schnappte. Ich spürte einen Lufthauch an meiner Wange, sanft, doch er war da.

Ich stand auf, nahm die kleine Giraffe aus der Tasche und legte sie in seine Hand. Dann schaute ich den Arzt an und sagte: „Sie reist mit ihm. Ich lass seine Hülle abholen, denn seine Seele ist im Himmel angekommen."

Ich werde nie den Blick des Arztes vergessen, der mich anstarrte, als ich an ihm vorüberging.

Glaubt es oder glaubt es nicht, doch heute weiß ich, dass er versucht hat, es selbst zu beenden. Mir die Last der Entscheidung zu nehmen. Denn an der Herz-Lungenmaschine kann man keinen Herzstillstand bekommen, also hat er wohl noch einmal versucht, die Schläuche zu entfernen. Das Wissen, dass meine Mutter bei mir war, bekräftigte seine Entscheidung, denn somit wusste er mich nicht alleine. Leider schlug es fehl. Doch er war gefangen in seinem Körper und es war nur eine Frage der Zeit, bis seine inneren Ängste überhand nahmen und nicht mehr standhielten. Er vertraute auf mich, dass ich diesen letzten Part übernahm. Ja, ich habe es getan. Es war der schwerste Gang in meinem Leben. Auch wenn man sagt, dass die Ärzte nie abschalten, wenn nicht noch eine kleine

Möglichkeit bestehen würde, so werde ich trotz allem damit leben müssen, dass ich aufgrund der Patientenverfügung und seines Wunsches alle weiteren Behandlungen abgelehnt habe und das OK gab, ihn gehen zu lassen.

Kurz, ganz kurz, erlaubte ich mir aufzuschluchzen, dann zog ich die Mauer empor. Die Jungs halfen mir und standen neben mir. Sie regelten vieles und unterstützen mich. Dafür werde ich ihnen ewig dankbar sein. Der Club war seine Familie und sie standen an meiner Seite. Das letzte Bild von ihm ist in meinen Albträumen verankert, denn es war nicht mehr mein Bomber, der vor mir lag, an diesem entscheidenden Tag. Die Qual, das Leid, was er in den letzten 14 Tagen seines Lebens erfahren hatte, zeichnete sein Körper auf. Ein Anblick, der als tiefer Schmerz in mir verbleiben wird. Auch die Bestatterin war entsetzt darüber, denn sie kannte ihn. Das hatte er nicht verdient.

Viele werden jetzt sagen: Mensch, er hat dich nicht immer gut behandelt und manchmal wolltest du doch schon weg von ihm. Ja, mag sein. Doch ich habe es nie getan, denn ich liebte ihn und er mich. Wir konnten oft nicht miteinander, doch viel mehr konnten wir nicht ohne einander. Es heißt nicht umsonst, in guten wie in schlechten Zeiten. Unsere Beziehung war etwas Besonderes. Er lehrte mich unbewusst so vieles. Doch das wurde mir erst zu einem späteren Zeitpunkt bewusst.

Steine überwinden kostet Kraft

Der Fluch der Bürokratie begann. Nebenher sortierte ich seine Sachen aus. Er wollte, dass ich alles Spende. Ich dachte mir, solange ich noch funktioniere, mach so viel wie möglich. Ich verteilte, was er mir gesagt hatte, nach seinen Wünschen. Ich schaffte mir Freiräume. Dass er wirklich gestorben war, nein, zu diesen Zeitpunkt nahm ich das noch nicht wahr. Eines Tages merkte ich, dass es Lucky nicht gut ging. Er war mein Halt und nun merkte ich, dass auch er trauerte und litt. Sie beide waren immer im gegenseitigen Kampf, doch sie liebten sich. Lucky verlor 4 kg und musste mit dem Tropf aufgepäppelt werden. Also hatte ich wieder keine Zeit, mich meiner Trauer zu überlassen, denn Lucky war meine übriggebliebene Familie und ich musste stark sein für ihn. Ja, er war nur ein Hund, doch er war mein Freund, meine Familie, mein Beschützer, mein Seelentröster.

Am schlimmsten fand ich den wiederkehrenden Satz „das Leben geht weiter“, der von allen Seiten auf mich prallte. Doch wie? Gerade hatte ich den geliebten Menschen verloren. Ich war immer gerne alleine, liebte die Stille und fand meine Kraft darin, doch nun war die Stille still in mir. Die Tage waren kein Problem. Ich schaffte mir Freiräume, organisierte und regelte alles. Doch die Nächte, die ich sonst so sehr liebte, machten mir plötzlich

Angst. Mir war kalt. In mir herrschte ein Eissturm. Wir hatten so viel über den Tod geredet. Was wäre, wenn. Ja, ich hatte einen großen Vorteil, denn wir hatten alles abgesprochen und waren uns immer einig, das Leben gehört den Lebenden. Keine Trauer, sondern Freude darüber, dass wir eine Zeit lang den Lebensweg gemeinsam gehen konnten. Wir wollten beide, dass der, der zum Schluss übrigblieb, weitergeht, sich neu verliebt und vor allem lebt. Doch erst einmal ist man traurig und verzweifelt und doch versucht man die Wünsche des Gegangenen umzusetzen. Man kämpft sich aus seinem Kummer hinaus, geht Schritt für Schritt weiter, wenn auch langsam. Was blieb mir anderes übrig?

Sein Wunsch – meine Zukunft

Ich sah sein Bild an und lächelte. Sein Wunsch war es, dass ich wieder glücklich werde. Also begann ich, mir ein Leben ohne ihn aufzubauen. In dieser Zeit fing ich an, meine Biografie weiterzuschreiben. Wir hatten darüber gesprochen, doch er sagte immer: „Veröffentliche erst, wenn ich nicht mehr da bin. Ich möchte nicht sehen, wie dich die Menschen verletzen, weil sie deine Stärke nicht sehen. Das könnte ich nicht ertragen."

Doch gerade diese Worte ermutigten mich, weiterzuschreiben. Denn ich hatte eines von ihm gelernt: Es ist egal, was andere Menschen über dich denken, wichtig ist Ehrlichkeit und dass du so bist, wie du bist – echt. Wer dich nicht mag, kann gehen. So lebte er und ich lernte von ihm. Wie oft schimpfte er mit mir, weil ich nach der Pfeife der anderen tanzte. Doch nun war die Zeit gekommen, rauszugehen und mich zu präsentieren. Die Kämpferin, die Fängerin, den Menschen, der in mir steckte. Verletzt, gedemütigt, voller Tränen und Leid und doch stark und zielstrebig. Mein Herz suchte Nahrung. Es brauchte Freude und Fröhlichkeit, Lachen und Leben. Es war verletzt und blutete und suchte nach Heilung. Ich schrieb eines nachts folgenden Text:

Ich blicke in den Spiegel und sehe den Menschen, der für mein Leben verantwortlich ist. Ich hasse diese Hülle. Ich sehe Tränen in den Augen. Tränen der Verzweiflung, Tränen der Angst und Selbstverachtung. Tränen des Verlusts. Ich blicke tief in diese Augen, hinein in den See der Tränen – dort finde ich mich. Ich sitze auf einem Stein, in einen Meer von Tränen. Meine Arme greifen nach oben. Doch die entgegenstreckende Hand kommt nicht. Flehend schaut mich meine Seele an. Einsamkeit – Stille – Angst. Der See steigt und mein Stein wird kleiner und kleiner. Ich weine Tränen, salzig und voller Verzweiflung. Ich schlage meine Hände vors Gesicht und schreie. Bis kein Ton mehr hervor kommt, brülle ich meine Pein hinaus. Im Spiegel ist immer noch dieser Mensch, der für mein Leben verantwortlich ist. Weine nicht, kleine Seele, halte deinen Stein über Wasser und er wird für dich immer ein Kraft schöpfender Platz sein.

Meine Texte waren am Anfang traurig, als ich wieder anfing zu schreiben, doch plötzlich änderten sie sich. Ich schrieb die erste lustige Geschichte meines Lebens. (Für die Anthologie „Osterhasen sterben nie“) Was war los mit mir? Ich lachte innerlich und mein Herz lachte lautstark mit. Warum? Die Erkenntnis traf mich über Nacht. Ich war frei. Frei wie ein Vogel am Horizont. Ich spürte den Wind in meinen Flügeln. Sah die Weite des Firmaments und fing an zu fliegen.

Ich schrieb und mein drittes Malu-Buch flog in die Welt und brachte für mich einen Erfolg mit.

Denn ich lernte so viele nette neue Menschen kennen in dieser Zeit und das Schöne war, sie nahmen mich so, wie ich war. Ja, sie lernten nur den Menschen kennen, der ich jetzt bin, doch genau das bin ich. Die Vergangenheit hat mich zu diesen Menschen gemacht. Doch sie ist vergangen. Ich kann sie nicht mehr ändern, rückgängig machen und verstecken möchte ich sie auch nicht mehr. Der Mensch, der jetzt hier steht, das bin ich.

Was den Alltag schwer machte, war Lucky. Er war es nicht gewohnt, allein zu sein, und ich musste arbeiten gehen. Dazu kam, dass er nun auch herzkrank war und eben schon seine Jahre hatte, öfftere Gassirunden waren ein Muss. Ich brauchte einen Hundesitter, der jedoch kostete auch Geld. So entschloss ich mich, meine Arbeitsstunden zu reduzieren. Auch wegen der Rente, denn wenn ich zu viel verdiente, bekam ich nichts. Irgendwie hatte Bomber es geschafft, mich abzusichern und mir ein besseres Leben zu bescheren, denn durch seine Rente konnte ich nun endlich weniger arbeiten, mehr Zeit mit meinem Schreiben verbringen und auch meine Gesundheit schonen. Ich baute mir mein eigenes Nest, meine Wohlfühloase, und ich renovierte die ganze Wohnung, waldgrün, meine Farben. Bombers Sachen brachte ich in den Keller, um sie später auszusortieren.

Doch wieder kam es anders.

Neue Steine

Wer hätte gedacht, dass uns hier im Stadtteil das Hochwasser trifft? Keiner, denn es gab hier keinen Fluss. Doch der Kanal schaffte die Massen nicht und der Keller lief voll und vernichtete Bombers Leben. Ein Tiefschlag – ja, zu dieser Zeit schon. Ich sah seine Sachen in der Kloake versinken. Nicht nur, dass diese Nacht Horror war, nein, auch als ich sah, wie die Andenken an ihn vernichtet wurden, kam alles wieder hoch. Man sagte, gut, dass es nur ein Keller war. Doch seien wir doch mal ehrlich. In einen Keller stellt man Sachen, die man nicht schafft, wegzuwerfen. Es sind meist Erinnerungsstücke. Dinge, von denen man sich nicht trennen möchte und die nur zurzeit keinen Platz haben im Leben. Ein Keller ist wie eine Schatzkammer und meine Schatzkammer versank und wurde vernichtet. Nicht nur ein Keller. Das warf mich sehr zurück. Zu dieser Zeit hatte ich mich schon oft in gemeinnützigen Projekten engagiert und unterstützte diese. Egal, ob es ein Kinderhospiz war oder die Menschen im Ahrtal. Für mich war es eine Herzensangelegenheit zu helfen. Warum? Weil ich es konnte. Ich brauchte nicht viel zum Leben, hatte alles und wenn ich etwas Gutes tun konnte, tat ich es. Ich wäre auch mit ins Ahrtal gefahren, aber meine Psychologin hat mich davon abgehalten. Sie meinte, wenn ich einmal da hinfahre und das Leid sehe, komme ich nicht mehr davon los. Ja, sie hatte auf jeden Fall recht. Doch ich unterstützte, soweit es mir möglich war. Es machte mir Freude anderen Menschen zu helfen und so lernte ich UNSICHTBAR e.V., die Obdachlosenhilfe, kennen. Zu dieser Zeit hatte ich mich hier vor Ort einer gemeinnützigen Gruppe angeschlossen und schrieb das Buch über deren Entstehung. Das Projekt war schön umzusetzen und es machte mir viel Freude. Jedoch wollte ich mehr tun. Eines Tages sah ich im Internet, dass Unsichtbar neue Mitglieder suchte. Ich dachte so bei mir: Hey, Regine, genau das richtige für dich. Nachts schläft Lucky und du kannst etwas Gutes tun und lernst neue Menschen kennen. Bei der anderen Gruppe war alles nur am Tage und da hatte ich keine Zeit, denn Arbeiten, Lucky und Schreiben – hier blieb keine Möglichkeit, mich zu engagieren. Also machte ich den Schritt und schrieb Unsichtbar e.V. an. Schon 14 Tage später saß ich das erste Mal mit im Auto und war auf einer Straßentour durch die Nacht. Ich merkte sofort, dass dies genau meins war, das, was ich suchte. Ich spürte es förmlich und es zog an mir wie ein Magnet. Denn dort draußen im Dunklen lagen Menschen, mit denen mich etwas verband. Auch ihnen hatte das Schicksal Steine in den Weg gelegt. Ich wollte helfen, denn ich wusste um das Gefühl, vor einem Steinhaufen zu liegen und niemanden zu haben, der einem zuhört. Die Menschen, die hinter dem Verein steckten, waren super nett und freundlich. Ich fühlte mich auf Anhieb wohl. So hatte ich auch mit ihnen etwas gemeinsam, wir wollten helfen.

Doch wieder schmiss das Schicksal mir Steine in den Weg.

Der nächste Stein traf mich

Es war ein Dienstag, als ich von der Arbeit nach Hause kam und Lucky mir nicht entgegenrannte. Er lag im Wohnzimmer und ich bekam einen Schock, denn im ersten Moment dachte ich, er wäre gestorben. Er regte sich nicht. Als ich näher trat, schaute er mich an und ich sah Leid in seinen Augen. Er wedelte ganz leicht mit dem Schwanz. Ich schnappte ihn und ging direkt zum Tierarzt. Er bekam eine Infussion und man machte Blutuntersuchungen. Dann ging es wieder nach Hause und er war auch besser drauf. Ich sollte ihn am Morgen wiederbringen und ihn den Tag über dort lassen. So geschah es am nächsten Tag. Als ich ihn abends abholte, freute er sich, mich zu sehen. Ich war überglücklich, ihn so agil zu sehen. Doch die Ärzte sagten, dass ich ihn noch mal wiederbringen soll und sie einen weiteren Ultraschall machen werden, der am nächsten Tag ausgewertet werde. In dieser Nacht schlief Lucky in meinen Armen. Er hatte oft neben mir gelegen, jedoch noch nie so eng und die ganze Nacht. Ich brachte ihn am nächsten Tag wieder hin und als ich ihn abends abholte, sagte man mir, dass er eine Bauchspeicheldrüsenentzündung habe und einen Tumor an der Niere. Er muss entsetzliche Schmerzen gehabt haben. Doch so war Lucky. Er hat sich nie etwas anmerken lassen. Eine OP kam nicht in Frage.

Aufgrund des Alters und des Herzproblems wäre eine Narkose lebensgefährlich gewesen. Als ich die Blicke der Ärzte sah, wusste ich schon, dass mir nicht mehr viel Zeit mit ihm blieb. Doch ich konnte es zu diesem Zeitpunkt noch nicht wahrnehmen. Diese Nacht schliefen wir wieder zusammen, eng aneinandergekuschelt.

Am Morgen blieb er liegen und sah mich nur mit großen, traurigen Augen an. Er konnte gar nicht mehr richtig laufen. Ich trug ihn ins Auto und die ersten Tränen fielen aus meinen Augen. Als ich beim Tierarzt reinkam, sahen sie mich nur an und brachten uns direkt in einen Raum. Ich hatte ihn auf meinen Beinen und ich wusste, dass ich ohne ihn gehen würde. Als die Ärztin zu uns kam, bedurfte es nur eines Blickes und ich sagte. „Erlöse ihn, sein Herrchen wartet und wird auf ihn aufpassen.“ Ich sah ihm die ganze Zeit in die Augen und mit einem tiefen Seufzer, den selbst die Ärztin noch nie bei einem Hund gehört hat, ging er zu den Sternen. Ich brach zusammen. Die Tränen rollten. Wie eine Sinnflut brach es aus mir heraus. Ich saß da und meine Tränen tropften auf sein Fell. Ich spürte auch hier diesen Lufthauch. Es mag komisch klingen, doch ich weiß, dass mich seine Seele noch einmal gestreichelt hat, bevor sie zu Herrchen aufgestiegen ist. Ich hatte so eine Leere in mir, als ich rausging. Ich warf noch einen Blick zurück. Er lag auf einer kuscheligen Decke, so, als würde er schlafen. Zugedeckt, wie er es geliebt hatte.

Ich schaffte 3 km, dann brach ich zusammen und heulte los. Alles kam hoch. Als ich es nach einiger Zeit schaffte, nach Hause zu fahren, war dort Stille, absolute Stille. Mein erster Gedanke: Nun bin ich ganz alleine. Meine Familie ist weg. So war es auch, denn Familie ist diese kleine Welt, die wir uns aufbauen. Klar habe ich noch Familie, Schwestern, Stiefkinder usw. Doch das, was wir eigene Familie nennen, war nun für mich nicht mehr da. Ich hatte in nicht einmal zehn Monaten meine zwei Liebsten verloren. Das einzige was mich tröstete, war, dass sie nun gemeinsam im Himmel spielten. Doch mich hatten sie allein gelassen und bei beiden war ich es, der am Ende entschieden hat, sie gehen zu lassen. Ja, es kamen Gedanken auf wie: Habe ich sie umgebracht? Ganz normal, denke ich, obwohl total daneben. Dann kamen Gedanken wie. Warum heule ich bei Lucky wie ein Schlosshund und bei Bomber verlor ich kaum eine Träne? Tja, bei Bomber baute ich eine Mauer, denn ich musste weiterfunktionieren, stark sein, organisieren und vieles tun. Doch Luckys Tod brachte die Mauer zum Einstürzen. Mein Seelentröster ließ mich allein. Nun hatte Alleinsein eine ganz andere Bedeutung.

Es war ein Freitag im September, als er ging, und ich heulte bis in den Samstagmorgen hinein. Dann kam der Anruf. Es war Holger von Unsichtbar. Er sagte nur. „Zieh dich an und komm zum Lager.“ Mehr nicht. Es klang wie ein Befehl. Also raffte ich mich auf. Dort angekommen hatte er einen kleinen Käsekuchen dabei. Den stellte er zwischen uns. Wir saßen uns gegenüber. Dann gab er mir eine Plastikgabel, nahm selbst eine und sagte. „Iss und erzähle.“

Ich weiß nicht, warum oder wieso, doch ich tat es und irgendwann sprach er von Ben, seinem Hund, der im März verstarb. Wir waren Leidensgenossen und wir verstanden uns auch ohne Worte. Wir trugen den gleichen Schmerz in uns. Ich zwar doppelt, doch Ben war seine einzige Familie, so hatten wir dies auch wieder gemeinsam. Ich glaube heute sogar, dass mich diese Stunden im Lager, in einer meiner schwersten Zeiten, noch mehr an Unsichtbar schweißte. Ein mir noch sehr fremder Mensch, gab mir genau das, was ich brauchte. Ich erzählte so viel von Lucky und er hörte mir einfach nur zu. Dafür bin ich ihm unheimlich dankbar. Doch ich brauchte noch sehr lange, um diese plötzliche Einsamkeit, die in mir steckte, zu verarbeiten und selbst heute ist sie noch da.

Steine tragen eine Melodie in sich

Tja, allein. Mann weg, Hund weg – Familie weg. Ich lief durch die Wohnung und es war still. Ok, still war es schon immer bei mir gewesen. Denn ich hatte schon seit einem Jahr keinen Fernseher mehr und hörte auch sehr selten Musik. Ich liebte normalerweise diese Stille, doch nun war die Stille stiller als still. Sie machte mir Angst. Ich ging immer öfters raus. Fuhr jeden Samstag Megatouren mit Unsichtbar, zu den Obdachlosen, in der Nacht. Oft, bis es hell wurde. Ich lernte wieder zu lachen, denn diese Menschen gaben mir etwas, das ich brauchte. Sie gaben mir eine neue Aufgabe. Eine Aufgabe, bei der ich helfen konnte, und das war das, was ich am liebsten machte. Anderen Menschen zu helfen. Ihnen das zu geben, was ich nie hatte und durch meine Mauern nie bekommen konnte. Ich sah auch die Welt auf einmal mit ganz anderen Augen. Ich habe schon immer sehr bescheiden gelebt, doch nun lebte ich noch minimaler. Denn diese Menschen auf der Straße lehrten mich Ehrfurcht und ich bewunderte ihre Stärke, dort draußen zu liegen. Mein Team nahm mich so, wie ich eben bin. Bei ihnen musste ich mich das erste Mal in meinen Leben nicht verstellen. Mittlerweile arbeitete ich nur noch fünf Stunden im Handel. Doch glücklich war ich dort nicht mehr. Denn weniger Stunden hieß auch Depp vom

Dienst, doofe Schichten usw. Das machte mich krank. Doch Unsichtbar war mein Lichtschein.

Mitte Dezember fuhren Holger und ich eine Tour. Zu dieser Zeit hatte ich gerade mit einigen Autoren eine Anthologie geschrieben, die zu Gunsten des Vereins ging (Unsichtbare Weihnacht). Er erzählte mir, dass er gerne das Thema Obdachlosigkeit für Kinder sensibilisieren möchte und weil ich Autorin bin, könnte ich es doch schreiben. Inspiration hätte ich genug und er hatte auch viele Ideen. Für mich war dies eine neue Herausforderung und klar war ich sofort Feuer und Flamme. Ich muss hier an dieser Stelle sagen, ich schreibe aus reiner Inspiration einfach darauf los. Meine Darsteller sind überwiegend Tiere, durch die ich spreche, das fällt mir einfach leichter. Menno, was hatten wir für lustige Touren nach diesem Entschluss. Es wurde noch mehr gelacht und ich fing an zu schreiben. Dieses Projekt brachte so viel Freude in mein Leben und gab mir so viel Energie.

Doch die nächsten Steine verfolgten mich schon.

Herzenssache

Hier an dieser Stelle, möchte ich euch die Frage, die mir immer wieder gestellt wird, etwas intensiver beantworten. Es ist die Frage. „Warum engagierst du dich für so viele Menschen?"

Angefangen hat es schon in jungen Jahren, das erzählt mir mein Tagebuch von 1983. Ich war gerade mal 14 Jahre alt. Originaltext:

Ausländer sind doch auch nur Menschen. Wie ich vorgestern von der Schule heimging, saß ein kleines türkisches Mädchen am Straßenrand und weinte. Ich ging hin und hob es auf. Die anderen sagten, ich solle es liegen lassen, sie sei nur eine Türkin. Da rannte es weg und ich wäre am liebsten hinterher gelaufen. Ich kann sie einfach nicht verstehen. Es sind doch auch Menschen wie wir, nur glaube ich, ihre Sitten, Sprache und Glaube ist anders. Was können sie dafür, dass sie nicht so „reich" sind wie wir. Als ich das meinen Freundinnen sagte, meinten sie, ich wäre zu gutherzig. Ich liebe Kinder über alles und ich kann es einfach nicht sehen, wenn ein Kind traurig ist. Es sollte auch egal sein, welcher Herkunft sie sind. Alle Menschen, egal, woher sie kommen, sind doch Menschen. Ich verstehe meine Freundinnen nicht. Warum sind sie so grausam und voller Vorurteile? Ich werde nicht so werden. Das nehme ich mir fest vor. Ach, ich habe auch einen Vorteil, ich kann meinen Vorsatz jedes Mal nachlesen, denn du, mein Buch, passt darauf auf ...

Es gibt in all den Jahren viele Einträge. Ich hatte den Wunsch, ein Kinderheim zu besuchen, denn ich verstand es nicht, dass die Kinder dort gar keine Verwandten mehr hatten. Originaltext:

Fast jeden Tag liest man in der Zeitung, dass Kinder ihre Familie verloren haben. Das erste, was ich mich frage, ist: Was wird jetzt aus ihnen? Müssen sie ins Heim oder haben sie Verwandte, die sie vor allem auch wollen? Es gibt viele Sammel- und Spendenaktionen, doch Geld allein reicht nicht. Am wichtigsten ist doch, dass sie jemanden haben, der ihnen zuhört, der ihnen Liebe gibt. Es ist besonders schlimm bei Kindern, doch ich denke mir, dass jeder Mensch mehr braucht als nur Geld. Gerade diejenigen, die es nicht leicht haben. Ich habe dich, mein Buch, doch so ein Buch haben viele Menschen nicht. Sind sie dann ganz alleine? Fragen über Fragen und keine Antworten in Sicht. Wenn du mir doch antworten könntest, mein Buch.

Erschreckend, wenn man es nach so vielen Jahren liest. Mein Bedürfnis zu helfen, war also schon in jungen Jahren aktiv. Später leitete ich den Kindergottesdienst in unserer Kirche und ich wuchs mit der Erziehung der alten Werte auf. Man grüßt jeden und man hilft, wenn einer schwächer ist. Gut, für mich ging es darüber hinaus. Komisch war auch, dass alle zu mir kamen, wenn sie Sorgen hatten. Wie oft saßen Freundinnen bei mir und heulten sich aus. Dass ich nie jemanden hatte, war irgendwie egal, ich gewöhnte mich dran. Als ich älter wurde und anfing, meine Mauern zu bauen, war ich schon so festgefahren, dass ich nicht mal daran dachte, mir selbst jemanden zu suchen, der mir zuhörte. Denn ich kannte es ja nicht anders. Ich hörte mir in meinem größten Leid noch die Sorgen anderer an. Doch ich tat es gerne, denn ich wusste zu dieser Zeit schon, wie es ist, wenn man keinen hat. Ich wollte einfach nicht, dass es jemandem schlecht geht. Ich spendete auch immer wieder kleine Beträge an Organisationen nach meinen Möglichkeiten. Ich besuchte das Leukämie-Krankenhaus in Tübingen und setzte mich für kranke Kinder ein. Ich hatte nie viel Geld, doch ich gab gerne. Ich brauchte noch nie viel für mich selbst. Auf Mode legte ich nie Wert. Trug immer nur das, was mir gefiel. Ich schloss mit jedem Menschen Bekanntschaft, denn Herkunft war mir immer egal. Ich war auch viel zu neugierig, wissbegierig. Für mich ist der Mensch Mensch. Es war mein Leben lang für mich eine Herzenssache, Menschen zu helfen, weil ich selbst wusste, wie sie sich fühlen. Ich hatte zwar nicht immer die finanziellen Möglichkeiten, doch ein liebes Wort, eine kleine Geste, ein Lächeln kosteten nichts und wie mein Tagebuch mir heute erzählt, waren das genau die Dinge, die ihnen fehlten, und ich gab sie von Herzen. So ist es für mich eine große Bereicherung, nun an der Front das zu geben, worauf ich mein ganzes Leben schon gesetzt habe. Dieses kleine Lächeln, dieses Hinschauen und nicht wegschauen und Menschen ein kleines bisschen Licht in ihr Leben zaubern, das ich mir oft so sehr gewünscht hätte. Bin ich selbst daran schuld, dass ich es nie hatte? Ja, sicher ein bisschen, denn ich konnte und wollte mich nicht öffnen. Ich hatte Angst, missverstanden zu werden. Angst, mich richtig auszudrücken. Angst, anderen zu schaden. Angst mich zu verlieren. Doch nun stelle ich mich meinen Ängsten mit diesem Buch, um anderen Mut zu machen und zu zeigen, dass es nie zu spät ist und es immer einen Ausweg gibt, wenn man kämpft und an seinen Werten festhält..

Nun zurück zu Unsichtbar und meinen Leben mit dem Projekt Paul.

Denn die nächsten Steine verfolgten mich schon.

Steine die geworfen werden

Heiligabend machten wir eine Straßentour zu dritt. Das war mir ganz recht, denn ich war eh alleine. Doch dann kam Silvester. Der erste Jahreswechsel, den ich alleine verbringen musste. Es war zwar noch Corona, doch es gab Möglichkeiten. 14 Jahre war ich immer wegen Lucky zuhause gewesen, da er solche Angst hatte, und nun saß ich da. Eine Menge sogenannter Freunde sagte: „Du kannst mit uns feiern." Doch am Ende war ich alleine, denn niemand meldete sich. Nur meine Freunde aus der Heimat hätten mich gerne bei sich gehabt, doch hier war der Weg zu weit. Ich erkannte in dieser Nacht so einiges und ich merkte auch, dass ich auf die falschen Menschen setzte. Bomber hatte es mir immer wieder gesagt, doch nie wollte ich darauf hören. Vor mir war ein gähnendes Loch erschienen. Ich saß allein zuhause und die Gedanken beherrschten meinen Kopf. Ich nahm zwei Gläser aus dem Schrank und öffnete die letzte Flasche Jacky von Bomber. Ich setzte Malu, die Plüschfledermaus, neben mir auf den Tisch und trank. Ich hörte lautstark Musik, weil ich es gerade so brauchte. Das erste Mal in meinen Leben besoff ich mich. Meine Gedanken waren sehr wirr.

Ich schrieb auf Facebook folgendes:

Auf ein letztes Wort im Jahr 2021. Auch starke Menschen weinen. Sie tun es nur lautlos.

Ein guter Mensch zu sein macht einsam, denn so lange man funktioniert, ist alles gut, doch wehe nicht.

Ich habe keine Erwartungen, doch auch ich muss euch mitteilen, dass ich nicht immer funktioniere.

Ich bin auch nur ein Mensch wie ihr und ich habe Gefühle – ich spüre genau wie ihr Enttäuschung, Schmerz und Einsamkeit.

Ja, mir geht es gut und ich lebe, lebe mein Leben. Mach das Beste daraus, gehe immer vorwärts.

Nur einmal wäre ich gerne nicht alleine gewesen – Wo sind sie, meine Menschen, die sich Freunde nennen? Hier in meinem Umfeld?

Heute Nacht beginnt ein neues Jahr .. .ja, ich werde wieder funktionieren – ab morgen ...

Doch verlangt nicht von mir, in eine Hülle zu schlüpfen ... ich bin wie ihr ein Mensch ... Danke an mein Team von UNSICHTBAR, das mich so nimmt, wie ich bin. Das mir auch in Zeiten, in denen ich nicht so funktioniere, Stärke gibt.

Danke, Daniela, dass ich Dich nerven darf.

Ja, auch das bin ich ... denn ich bin ein Mensch und Menschen können verletzt werden.

Verletzt war ich und mega enttäuscht. Bomber hatte so Recht, ich setzte auf die falschen Menschen. Doch wurde mir auch klar, dass ich etwas ändern musste, denn so konnte es nicht weitergehen. In dieser Nacht vermisste ich auch die Wärme eines Partners. Ich hatte das Bedürfnis, einfach in den Arm genommen zu werden. Doch es war niemand für mich da. Irgendwann fiel ich in mein Bett und am morgen schrieb ich folgenden Text:

Das Leben ist eine Truhe voller Schätze. Sie zu finden, sie zu erbeuten und vor allem sich daran zu erfreuen ist unsere Aufgabe.

Wir können bei der Eroberung des Schatzes Freude, Unglaube und auch Schmerz empfinden.

Wir müssen uns wehren gegen Ungeheuer, falsche Freunde, Neid und Missgunst, die uns in den Weg treten.

Wir können verletzt werden und bluten. Doch achtet auf eins bei der Eroberung des Schatzes besonders.

Die inneren Blutungen und kleinen Schnitte sind es, die wir nicht gleich sehen und denen wir oft keine Bedeutung zuschreiben, die uns wirklich verletzbar machen und uns ausbremsen.

Kämpft für diesen Schatz, denn er macht das Leben aus, das, was im Inneren der Truhe verborgen ist.

Denn dort sind wir, unser Wesen, unser Inneres verborgen – noch geschützt von der Truhe, doch es gehört uns ... es ist unser Eigentum ... also kämpft darum. Egal, wie viel dabei zu Boden geht.

Derjenige der am Ende mit dir diese Truhe öffnet, mit dir geblutet und geweint hat, ist es Wert einen Teil davon zu erhalten – und nur dieser.

Ich wünsche euch ein Leben, dass ihr erlebt und nicht nur lebt.

Ich wünsche euch die Erkenntnis, dass Zeit vergänglich und Nächstenliebe unbezahlbar ist.

Ich wünsche euch das, was ich mir wünsche:

Ehrlichkeit, Respekt, Toleranz und echte Freunde, die mich in den Kampf um meinen Schatz begleiten, die für mich bluten und mit mir weinen, die Niederlagen mit mir einstecken und sich mit mir im Dreck wälzen und auch lachend durch Pfützen springen.

Auf in den Kampf ...

Wahre Stärke ist, trotz blutender Wunden, Schmerz und Missgunst weiter zu kämpfen.

Doch hatte ich genug Kraft für diesen Kampf? Ja – denn ich bin Regine. Aufgeben ist keine Option für mich. Ich fing an, mich in das Buchprojekt, von Holger und mir hineinzusteigern. Schrieb Seite um Seite und vier Wochen, nachdem ich das erste Wort geschrieben hatte, schrieb ich das letzte Wort. Es war ein super tolles Projekt und ich fand mein Lachen dabei wieder. Wir alberten herum auf unseren Touren, immer in Gedanken bei Paul. Ein ernstes Thema, doch wir verwandelten und behandelten es mit Leichtigkeit. Ich konzentrierte mich nur noch auf Unsichtbar, die Menschen auf der Straße und Paul. Es waren Dinge, die mir gut taten, und doch fehlte etwas in meinem Leben.

Steine und Lebensgefühl

Der Drang nach Freiheit steckte in mir und machte mich ruhelos. Ja, ich war frei. Doch war ich alleine. Auf einmal stellte ich fest, dass mein Leben zwar organisiert war, jedoch ich selbst war in mir nicht frei. Ich wollte fliegen, jedoch nicht alleine. Es nervte mich, immer nur die negative Welt zu betrachten. Alle um mich herum erschienen mir lustlos und ernst. Ich wollte verrückt sein. Stellte mir vor, wie ich lachend über die Wiese rannte, hinein in die Arme eines Menschen, der mich liebt und herumwirbelt und herzhaft mit mir lacht. Nein, Bomber sah ich nicht als diesen Mann. Ihn sah ich lächelnd über mir am Himmel und sich freuen, dass mich wieder jemand gefunden hat. Denn das war sein Wunsch, dass ich nochmal geliebt werde. Es machte mich unsagbar traurig, allein zu sein, und ich spürte eine Einsamkeit in mir, die ich so noch nicht kannte. Ich hatte das Gefühl zu platzen, es sprengte mein Inneres nach außen. Keiner verstand mich. Es hieß immer nur: Hab Geduld oder du wieder. War es denn so selten, das Gefühl? Kannte es denn niemand außer mir? Ich verstand die Welt nicht mehr. Ich hatte mir ein schönes Leben aufgebaut. So viele Steine weggeräumt, immer wieder. Doch was mir fehlte, ja, ich spreche es aus, waren zwei Dinge. Ein neuer Partner, denn ich war ein Beziehungsmensch, und die körperliche Liebe. Man denkt darüber nicht nach als Außenstehender. Der Trauernde hat einen Menschen verloren, einen Lebenspartner. Doch er hat noch mehr verloren, denn auch die körperliche Liebe gehört dazu und nach dieser hatte ich plötzlich großes Verlangen. Wie ich euch berichtet hatte, hatten wir immer ein ausgeprägtes Sexleben gehabt. Auf Grund seiner Krankheit stellten wir es zurück, doch ich lebte und war eine Frau mit Bedürfnissen. Als ich versuchte, mit einer Freundin darüber zu reden, lachte sie nur und meinte, ich wäre Witwe und immerhin schon 53 Jahre alt. Ich schüttelte nur mit dem Kopf. Denn ich lebte und war nicht tot.

Doch nun wurde mir das nächste Problem bewusst. Ich war immerhin 23 Jahre in einer Beziehung und wie angelt man sich heutzutage einen Mann? Ich hatte keine Ahnung. Dann bin ich ja auch nicht das Supermodel. Ich musste das Flirten lernen und wo sollte ich einen finden? Es war schließlich Coronazeit. Zu dieser Zeit meldete sich ein alter Freund und ich schilderte ihm mein Problem, einfach so. Warum? Ich weiß es nicht. Ich vertraute ihm. Tja, so kam ich zu einer Freudschaft-Plus. Das Beste, was mir passieren konnte. Ja, es war geil, nach Jahren endlich wieder Sex zu haben. Doch es fehlte etwas. Genau, das fehlte. Das, was ich brauchte und was mich erfüllte. Was mir mein Lebensgefühl gab. Eine schnelle Nummer war gut und wir passten auch zusammen, doch er war nicht auf meinem Level. Sagen wir es so. Er war zu lieb dafür und die Freundschaft war mir mehr wert als das andere.

Eine Freundin gab mir den Rat, mich bei eine dieser Apps anzumelden, und ich tat es. Jetzt sage ich, es war das pure Grauen. Jedoch lernte ich wider erwarten auch nette Männer kennen. Ja ich lernte den Hexer kennen. Genau der richtige für die Hexe, doch dazu später mehr.

Ganz ehrlich, ich fragte mich, ob ich noch auf der Erde bin oder von Außerirdischen auf einen fremden Planeten verschleppt wurde. Es war wirklich alles dabei, was mich anschrieb. Es erinnerte mich sehr an meine Zeit im Club zurück. Das erschreckende dabei war, dass Männer in meinem Alter gar nicht mehr Sex wollten, meist nur plantonische Beziehungen. Den einen störten meine Tattoovierungen, dem anderen war ich zu dick, dem anderen zu dünn. Doch Jüngere waren sehr interessiert. Doch wie sollte ich mit einem Mann, der meinem Stiefsohn ähnelte, ins Bett gehen? Nein, das totale No go. Auch stellte ich fest, dass ich auf diese Normalos nicht konnte. Für mich musste ein Mann ein Mann sein. Dazu gehörten Tattoos, Muskeln und Motorräder. Vor allem musste er dominant sein, mit einem Herz im Inneren. Er musste auf meinem sexuellen und auch gedanklichen Level sein. Ja, ich wollte gerne wieder einen Lebenspartner, doch wenn der Sex nicht passte, würde es nichts werden. Doch sobald man das Thema ansprach, waren die meisten schon weg. Ich hörte Sätze, das wird mir kaum einer glauben. Achtung, hier sind einige: „Mit so einer starken Persönlichkeit, wie du es bist, komme ich nicht klar.“ „Naja ab und an eine Pflichtnummer ist OK.“ „Du bist zu lebensfroh und freundlich.“ „Deine Lebenseinstellung ist zu positiv.“ „Du bist genau mein Typ, wenn du einen Fernseher hättest.“ „Du bist toll, doch ich bin oft müde und das würde nicht passen.“ Glaubt mir, zum Gruseln. Ich dachte wirklich, ich bin auf einem anderen Planeten. Wo waren die Männer? Das waren alles … ich weiß auch nicht, was, doch sie hatten keinen Arsch in der Hose. Außer der Hexer. Ihn lernte ich kennen, indem ich zuerst schrieb und er mir direkt antwortete, dass er nichts Festes sucht. Er redete nicht um den Brei herum, sondern war ehrlich von Anfang an. Das hatte auch Gründe, verständliche Gründe. Doch irgendetwas reize mich an ihm. Außerdem sagte ich mir, auch etwas Lockeres kann etwas Festes werden. Davon abgesehen fängt alles Feste erst mal locker an. So wurde ich die Hexe. Naja, Hexe war ich schon immer irgendwie. Sogar Bomber nannte mich oft sein Hexlein. Ich traf mich mit verschiedenen Männern und, ja, auch landete ich mit einigen im Bett. Doch es war der totale Flop. Einer wollte mir sogar einreden, dass ich mich nicht bewegen sollte beim Sex, also nur starr daliegen, da dies mehr Erfüllung bringt. Ich dachte so bei mir, Gummipuppenmensch, dann war ich auf und davon. Ein anderer war sehr nett, doch auch hier passte es nicht. Dann kam durch Zufall ein Besonderer, nennen wir ihn den Magier. Genau mein Level. Wir sahen uns und, ja, es war geil. Er war genau das, was ich suchte in charakterlicher und sexueller Hinsicht, doch er wusste nicht, was er genau wollte. Auf keinen Fall teilen, das war ihm klar. Jedoch festlegen, mich auf Priorität 1 setzen, nein, dazu war er nicht bereit. Für mich war klar, das man sich, wenn man sich wirklich mag und etwas Festeres anstreben möchte, gerade in der Anfangszeit schon intensiver treffen sollte. Doch es gab immer Ausreden, das machte mich traurig und ich entschied, es zu beenden. Ok, er wollte, dass wir in Kontakt bleiben und, ja, mein Inneres jubelte, denn ich wollte ihn gar nicht loslassen. Denn ich hatte nur Angst, dass mein Herz zu schnell an ihm hängt. Das bedeutete, es wird verletzlich und dies war etwas, was ich gar nicht brauchte. Ich ließ mich darauf ein und bat ihm sogar eine lockere Beziehung an. Wie gesagt, auch aus etwas Lockerem kann was Ernstes werden und ich hatte Zeit. Doch ein Magier verbirgt sein wahres Wesen hinter einer Fassade und Hexen blicken tief hindurch. Sie sehen und vor allem sie spüren, wenn mit ihnen gespielt wird, und das haben sie gar nicht gerne und sie brauchen das Gefühl zu leben. Menschen, die nicht wissen, was sie wollen, oder sich nicht entscheiden können, sind nicht für sie bestimmt. Denn für sie ist Zeit kostbar und Warten ist nicht ihre Stärke. Endet hier das Thema Magier? Wer kann in die Zukunft schauen?

Jetzt fragt ihr euch sicher, wo ist der Hexer geblieben? Tja der ist da, immer noch. Wir hatten zwei gemeinsame Nächte, bis zu diesen Zeilen. Ja, er ist ein perfekter Partner für meine innere Hexe in jeder Beziehung. Doch noch ist er nicht bereit dazu. Mittlerweile kenne ich ihn gut und auch er kennt mein Leben. Ja, alle Facetten, die ihr hier gelesen habt. Er war der erste Mensch dem ich so viel Vertrauen schenkte, dass ich offen mit ihm darüber redete. Mein Hexer. So nah und doch so fern. Er ist täglich in meinen Gedanken zuhause, lässt mich schmunzeln und inspiriert mich. Wir gleichen uns in vielen Dingen, dass es schon beängstigend ist. Ein tiefes Vertrauen verbindet uns, unsere sexuellen Neigungen sowie die Hintergründe. Doch auch die Freundschaft und das Vertrauen zueinander, das wir aufbauten, ist eine große Bereicherung in meinem Leben geworden.

Doch hier mache ich erst einmal einen Cut. Später vielleicht mehr vom Hexer, denn nun kommt eine neue Entscheidung, die eine weitere Wendung mit sich bringen wird.

Magische Hexensteine

An dieser Stelle offenbare ich euch eine weitere Facette meines Lebens. Einige wissen es mittlerweile und andere werden es nun erfahren. Ich schreibe über das Leben, über die Realität und mit Malu suche ich die Lichtseite in allen Dingen. Doch das Leben hat noch andere Seiten und auch diese gehören dazu. Es sind unsere versteckten Wünsche und Träume. Wer könnte besser darüber schreiben als ich? Die Person, die schon so viel erlebt hat und vor allem weiß, worauf es wirklich ankommt. So soll nun Ende des Jahres etwas von Doris von Rabenstein das Licht der Welt erblicken. Sie bezeichnet sich selbst gerne als weiße Hexe, mit einem Raben auf der Schulter mit weitgespreizten Flügeln. Lachend auf dem Feld stehend, die Arme weit ausgebreitet, dem Himmel entgegen. Frei in ihrem Wesen und ihrem Sein.

Die weiße Hexe verkörpert die Magie und Verbundenheit zur Erde und ihren Lebewesen mit heilender Kraft. Der Rabe verkörpert das Mystische, das Verbotene als Lichtbringer. Seine Botschaft lautet: Ich sehe deine tiefsten Wünsche. Ich bringe sie mit dir an die Oberfläche und lasse sie Wirklichkeit werden.

Jeder Mensch hat sexuelle Fantasien im geheimen Inneren, doch sie auszusprechen und auszuleben ist ein Tabu. Auch in einer Partnerschaft bleibt das den meisten versagt, weil sie sich nicht trauen, diese Wünsche zu äußern, die Fantasien miteinander zu teilen und sich gegenseitig zu offenbaren.

Es geht nicht um einfachen Sex oder um schnelle Befriedigung. Es geht um Fantasien, Wünsche, Vorstellungen, tiefe Gefühle und am Ende um Entspannung, Erlösung und das Gefühl der Freiheit für Körper, Geist und Seele.

So gibt es nun neben meinem Ich und Sammy auch noch Doris. Alle guten Dinge sind drei und alle drei bin Ich. Warum ein Pseudonym? Ich schreibe auch für Kinder und hier sollte man trennen. Doch verstecken möchte ich mich deswegen auch nicht. Denn dann würde ich wieder Mauern bauen und Lügen leben, das möchte ich nicht mehr. Ich stehe dazu, denn das bin ich. Doris ist übrigens mein zweiter Vorname und Rabenstein der Geburtsname meiner Uroma. Ja, man kann beide Sparten miteinander verbinden. Das eine schließt das andere nicht aus. Habt Mut und lest von Doris von Rabenstein, sobald sie in Erscheinung tritt und lernt die verborgene Seite in mir kennen. Geplant ist die erste Veröffentlichung zum Ende des Jahres 2022. Naja, für mich ist sie nicht mehr verborgen, denn sie ist das Licht, was mich nach Außen strahlen lässt und mich ganz macht. Lernt die Hexe kennen, die in mir wohnt, und hier erfahrt ihr auch mehr über den Hexer. Denn Träume sind dazu da, um sie zu verwirklichen. Naja, die versteckten Träume, die die Hexe sehr gerne mit dem Hexer ausleben würde. Teilweise hat sie das auch. Er passt perfekt zu meiner inneren Hexe. Auf jeden Fall trug er viel zur Inspiration dazu. Warum ich anfing, dies zu schreiben? Erst waren es Spielereien – doch dann wurde Ernst daraus. Warum sollte ich nicht? Wenn ich es doch kann. Ja, so bin ich, einfach machen, egal, was andere denken. Wichtig bin ich. Was ich möchte und womit ich zurechtkomme. Es ist auch eine Art von Therapie für mich. Denn weiterhin sind die Erlebnisse in meiner Jugend in mir verankert. Das Resultat daraus, meine Neigungen und das, was ich brauche und lebe, ist oft immer noch für mich ein Rätsel und manchmal unverständlich. Indem ich diese Fantasien und geheimen Träume aufschreibe und die Schönheit und das Lebensgefühl darin suche, wird die Realität wunderschön. Denn ich koste sie voll aus. Es ist möglich, auch wenn ihr es nicht glauben mögt. Ja, diese absolute Ekstase, dieses Gefühl des Fliegens, gibt es wirklich. Ich weiß, dass nun viele denken: Ey, die ist eine alte Schachtel. Nein, ich bin nicht alt. Für mich ist Alter nicht relevant. Je älter wir werden, desto reifer werden wir und desto mehr Erfahrungen haben wir gemacht. Warum lernen wir nicht daraus und genießen das Leben in vollen Zügen? Ich möchte mich nicht mit weniger zufrieden geben.

Meine Steine waren meine Lehrer

Mein Leben hat mich eines gelehrt, es gibt immer einen Ausweg, egal, was kommt. Wichtig ist nur, dass wir uns selbst treu bleiben. Dass wir echt bleiben. Ich tanze nicht mehr nach den Vorgaben der Gesellschaft. Denn das eine Leben das ich habe, möchte ich erleben. Auch ich habe Höhen und Tiefen. Sogar wenn ich lache, sind dahinter Schmerz, Trauer und Einsamkeit verborgen. Doch sie gehören zu mir, genau wie mein Lebensgefühl nach Freude und Freiheit.

Ich kann das Vergangene nicht ändern. Möchte es auch nicht. Denn es hat mich dennoch zu einem guten Menschen gemacht, der lächelnd seinen Weg geht. Auch wenn er manchmal etwas steinig ist, so gehe ich immer weiter – Schritt für Schritt.

Meine Werte sind meine Energie und ich weiß am besten, wie man sich fühlt, wenn man keinen Ausweg mehr sieht, am Boden liegt, sich verloren glaubt. Deswegen sorge ich auch für andere, helfe, wo Hilfe benötigt wird und gebe mein Herz dafür. Ich verzichte gerne auf Dinge, wenn ich damit einen anderen, der es dringender benötigt, unterstützen kann.

Denn auch ich hätte mir manches Mal eine Hand gewünscht, die mir aufhilft und die Steine, die meinen Weg versperrten mit mir weggeräumt hätte.

Werden neue Steine in meinem Weg liegen? Ja, ganz sicher. Denn dann werde ich auch hier einen Ausweg finden und mich hinlegen, ihrer Melodie lauschen und was Schönes aus ihnen bauen. Jedoch baue ich keine Mauern mehr, die mich verbergen, denn das habe ich nicht mehr nötig.

Meine Steine erzählen so viel und spielen für mich mittlerweile die schönste Melodie. Sie haben mich verletzt, versteckt, beschützt, beschäftigt und immer wieder dazu aufgefordert, weiterzukämpfen, nicht aufzugeben und sie haben mir etwas offenbart. Steine spielen ihre eigene Melodie. Die Mauern einzureißen lässt die Steine nicht verschwinden, doch sie werden sich mit Leben ummanteln. Denkt mal an verwitterte Steine, Ruinen. Egal, ob es saftiges Moos oder kleine Blümchen sind, wo Steine sind, ist auch Leben und wenn ihr genau hinhört, hört ihr sie singen.

Wie mein Leben nun weitergeht? Ich weiß es nicht und es ist für mich nicht relevant. Denn der Tag ist es, der zählt. Wenn ich morgens aufwache, bis ich abends schlafen gehe. Alles andere können wir nicht vorhersehen. Die Zeit ist so kurzlebig und ich werde jeden Augenblick für mein Lebensgefühl hergeben, Steine als Aufforderung sehen, etwas Schönes daraus bauen und die Melodie meiner Steine genießen. Denn sie zeigen mir, dass man alles überwinden kann im Leben, denn das ist es, was das Leben ausmacht.

Was ich mir jedoch wünsche: Dass ich noch einmal in meinen weiteren Leben den einen Menschen finde, der mit mir zusammen das Wagnis eingeht, gemeinsam die Melodie der Steine zu hören. Der mich mit allen meinen Facetten lieben lernt und das Lebensgefühl auskostet. Nur noch einmal einen Fels in der Brandung.

Wenn ich morgen zu den Sternen reisen würde, dann lasst euch gesagt sein, ich habe mein Leben, trotz der Steine, geliebt.

Ein Wort am Ende

Meine Mauern sind gefallen und ich fühle mich gut dabei – frei und echt. Es war mein Entschluss, nichts hinter den Mauern zu halten. Das, was ich bin, und nicht das, was andere oftmals in mir sehen. Ich bin verrückt und verkorkst, habe viele schwere Stunden in meinem Leben überlebt und ein ganzes Gebirge an Steinen überwunden. Sicher geht es noch schlimmer, doch es ging hier um mich, nicht um andere.

Ich möchte mit meiner Autobiografie allen zeigen, dass es immer einen Ausweg gibt. Egal, was passiert – steht auf und kämpft.

Ich habe von meinen Fels und meinen Steinen gelernt und sie haben mich zu einem kraftvollen und guten Menschen gemacht.

Ich bitte euch nun noch um eines: Wenn ihr etwas sagen wollt, wählt eure Worte weise. Werdet nicht beleidigend oder verurteilt, ohne darüber nachgedacht zu haben. Mehr verlange ich nicht.

Wenn ihr geht, sagt Adieu.

Wenn ihr neben mir gehen möchtet, dann nehmt mich still in den Arm.

Es bedarf keiner Worte, denn Taten sprechen für sich.

Ich stehe hier, die ausgebreiteten Arme in den Himmel gestreckt, und lächle.

ENDE

– Nein, heute ist der erste Tag in meinem weiteren Leben.

Nun ist es Zeit, Danke zu sagen.

Danke, meine allerbeste Freundin Marion, dass du mich mit allen meinen Steinen liebst und weiterhin neben mir gehst.

Auch dir, Daniela, möchte ich dafür danke sagen, dass du weiterhin meinen Weg in Freundschaft begleitest.

Danke, Mama, dass du mir immer eine gute Freundin warst im Leben und noch heute bist.

Danke, Holger, dass du mich mit all meinen Steinen immer noch als wertvollen Menschen betrachtest. Du bist eine große Bereicherung in meinem Leben.

Danke dir, mein Hexer – denn durch dich fand ich mich selbst und unbewusst gabst du mir die Kraft und die Stärke, die ich brauchte, um diese Autobiografie wirklich zu veröffentlichen. Auch wenn du nicht dazu bereit bist, mein Fels in der Brandung zu sein, sehe ich doch unsere Freundschaft als sehr wertvoll an.

Danke an all diejenigen, die mich still in den Arm nehmen werden.

Eines weiß ich, dass ich nicht alleine sein werde – denn die für mich wichtigsten Menschen werden neben mir stehen.

www.regine-sonnleitner.de